Eva Demski kennt die Wiege der Weinromantik von Kindesbeinen an und zeigt uns ihren ganz persönlichen Rheingau: Sie erzählt von Weinbau und Lebenskunst sowie Reiz und Schrecken dieser sagenumwobenen Landschaft.

Kulturtragendes Handwerk, Romantik, Dramatik und Naturschauspiel bilden die Bühne für Eva Demskis empfindsames Buch über eine der spannendsten Landschaften Deutschlands. Persönlich, poetisch – ein literarischer Genuss.

»Ein reichhaltiges, gleichermaßen kluges wie amüsantes Reisebuch.« *Süddeutsche Zeitung*

Eva Demski, geboren 1944 in Regensburg, lebt in Frankfurt am Main. Ihr literarisches Werk wurde vielfach ausgezeichnet, 2008 erhielt Eva Demski den Preis der Frankfurter Anthologie. Im insel taschenbuch liegen u.a. von ihr vor: *Katzentreffen*. Illustriert von Volker Reiche (it 4411), *Frankfurt ist anders* (it 4278), *Rund wie die Erde. Kulinarische Geschichten* (it 4163), *Gartengeschichten* (it 4003), *Venedig. Salon der Welt* (it 4243) und *Katzenbuch*. Mit Abbildungen von Tomi Ungerer (it 3654).

insel taschenbuch 4219

Eva Demski

Rheingau

EVA DEMSKI

Rheingau

Insel Verlag

Umschlagfoto: Hendrik Holler / LOOK-foto

Für E.

3. Auflage 2020

Erste Auflage 2013
insel taschenbuch 4219
Insel Verlag Berlin 2013

Vertrieb durch den Suhrkamp Taschenbuch Verlag
Umschlaggestaltung: Anke Rosenlöcher
Druck: CPI – Ebner & Spiegel, Ulm
Printed in Germany
ISBN 978-3-458-35919-7

INHALT

ZWEISTROMLAND

Von Bingen am Rhein hatte es meine Großmutter durch Heirat an die Donau verschlagen, und wenn sie nicht mindestens zweimal im Jahr an ihren Vaterstrom zurückfahren konnte, war sie nicht glücklich. Für den Rest des Jahres wurden zum Trost viele Holzkisten vom Rhein an die Donau geschickt, die Flaschen darin waren in Seidenpapier gewickelt und steckten in Strohhüllen. Das Seidenpapier wurde glattgestrichen und aufgehoben. Jede Weinlage hatte ihre eigene Seidenpapierfarbe. *Binger Rochuskapelle* war hellgrün.

Mit dem Wein vergoldeten sich die Erwachsenen das Leben. Gold war die Farbe des Rheingaus, goldene Reben, goldner Wein, goldige Mädchen. Meine Großmutter war in Sichtweite all dieses Goldes aufgewachsen, auf der anderen Stromseite, in Rheinhessen. Sie sprach von ihrem Zuhause am Rhein wie von einem gelobten Land, gegen das alle anderen grob und finster erschienen. Als hätte der Wein mit seinen goldenen Fluten dort alles Böse weggespült, den Krieg und den Tod. Das Leben: endlich wieder ein Winzerfest.

Mir gefiel es gut dort, als ich noch ein Kind war, ich freute mich auf die halbjährlichen Reisen. Die Leute benahmen sich anders als die daheim, all die Tanten und Onkel, so überschwänglich, immer machte jemand ein

Fläschchen auf und alle schienen einander zu beglückwünschen, dass man lebte und zusammen war, grade jetzt. Sie sprachen auch hübsch, ganz anders als in der Oberpfalz, weich und singend, mit bunten französischen Wörterstreuseln auf den Sätzen. »Woi« hieß der Wein, das Lebensmittel, das Gottesgeschenk. Manchmal gab es raue, kalte Jahre: Aus was macht ihr denn dies Jahr den Wein?

Aus Erbsen, sagte mein Onkel Hansheinz.

Auf dem Hof des Weinguts lebten die kapitolinischen Gänse. Sie hatten Fliegerangriffe lang vor den Luftwarnungen vorausgeschnattert, deswegen waren sie tabu, auch an Weihnachten. Nach dem Krieg legten sie Eier, obwohl sie dafür eigentlich viel zu alt waren. Es gab einen Hund namens Bussi, der auf die Katzenjungen aufpasste. Für mich als Regensburger Stadtkind lag am Rhein ein Paradies voll freundlicher Erwachsener, die immer in einer leichten goldenen Wolke zu schweben schienen. Wein sei kein Alkohol, soll mein Urgroßvater, der Patriarch, gesagt haben. Aber eine verlässliche Währung muss er gewesen sein, für die man viel Lebensnotwendiges hatte bekommen können. Das gab Legenden für Kinder und Kindeskinder. Die Kriegsgefangenen hießen »unsere Franzosen«, und nicht selten wurde, als der sogenannte Spuk 1945 endlich vorbei war, von Weißwein nach vin rouge geheiratet.

Aber auch meine weggeheirateten Tanten kamen immer wieder an den Rhein zurück, in das beharrlich geliebte goldene Land, vom Mittelmeer und von der

Seine kamen sie mit ihren immer größer werdenden Familien.

Man machte Ausflüge, zum Niederwalddenkmal, zur Loreley, nach Rüdesheim und Eltville, überall lebten Verwandte, überall wurde man mit Küssen begrüßt: Was bist du groß geworden! Die Küsse rochen nach Tosca von 4711, nach Tabak, Anisplätzchen und Wein.

Gib dem Kind auch ein Schlückchen!

Im Sommer ging man zum Badeschiff, die Frauen trugen wollene Badeanzüge. Sonntags trafen sich die Männer zum ganztägigen Frühschoppen. Natürlich lauerte manches Dunkle unter dieser entschlossenen Fröhlichkeit, wie ja auch die gottgesegnete Landschaft nicht ohne Traurigkeit ist. Bald lacht sie, bald schreckt sie, lässt Christa Wolf ihren Kleist sagen.

Mir schien als Kind, als könnte an diesem Abschnitt des Stroms jeder jeden andauernd sehen. Sie schauten einander in die Keller, in die Läden, in die Kassen und in die Schlafzimmer. Der Wein löste die Zungen, es wurde den ganzen Tag über Menschen geredet, die ich nie gesehen hatte und von denen ich bald alles wusste.

Kistenweise Spätlese gegen Morphium, stell dir vor! Man siehts ihr aber auch schon an.

Der Henns muss verkaufen.

Da lag er noch auf dem Sterbebett und sie haben schon die Wäsche aus den Schränken geräumt und sich gegenseitig aus den Händen gerissen!

Sein Hund ist ihm hinterhergestorben, ist ihm ja nichts anderes übrig geblieben.

Nach Genf muss man fahren, um es wegmachen zu lassen.

Sie tut so, als wüsste sie es nicht, dabei war er mit der anderen ganz frech beim Rochusfest!

Kinder haben einen untrüglichen Sinn für solche Gesprächsfetzen und sie verstehen sie immer richtig, auch wenn sie nicht wissen, was gemeint ist.

Ich entwickelte eine Begabung, unpassende Bemerkungen zu machen. Aber das störte sie nicht, die heiteren Erwachsenen. Hat sie nicht eine blühende Phantasie!

Im unterirdischen Reich der Keller, an deren Wänden gelbe, schleimige Pilze wuchsen und deren feuchtatmendes Mauerwerk nach Moder, Korken, Säure und Alter so wunderbar roch wie nichts anderes auf der Welt, in dieser kühlen Unterwelt mit dem glitschigen Felsenboden hatte ich echte Freunde, Kellermeister und Arbeiter.

Na, kleine Krott? Willst ein Schlückchen probieren?

Auf Tabletts standen Puppengläschen und ein Korb mit angetrockneten Brotstücken. Wenn man dann aus der Kellerluft wieder in die heiße Sommersonne kam, wurde einem ganz komisch. Das Weingut am Rhein war wunderschön, mit einem alten Herrenhaus, in dessen Treppenhaus gerahmte Schwarzweißfotos der Vorfahren hingen. Es gab einen großen Garten, in dem die heiligen Gänse herumwatschelten und einen, wenn man nicht aufpasste, in die Beine zwickten. Immer waren junge Katzen da, die ich nie groß werden sah. Wenn ich beim nächsten Besuch nach ihnen schauen wollte, fand ich nur neue Junge.

Jedes Mal lernte ich etwas kennen, es gab ja genug, worauf sie immer noch stolz sein konnten. »Immer noch« war eine Wendung, die ich damals oft hörte. Es gab ja »immer noch« Klöster und Villen, Kirchen und große Tote. Hildegard und der heilige Rochus, oder die Romantiker. Goethe war auch da gewesen. Bei Stefan George aus der Nachbarschaft allerdings, diesem dürren Spinner, der alles kleinschrieb, da wusste man nicht, da war man lieber vorsichtig. Er soll mit dem Urgroßvater, dem Patriarchen, befreundet gewesen sein.

Aber nicht so!

Was mit dem »so« gemeint war, fand ich trotz aller Mühe nicht raus. Auch dem Niederwalddenkmal gegenüber stellte ich eine gewisse Unsicherheit der Erwachsenen fest. Meine Großmutter fand es scheußlich und hielt damit nicht hinterm Berg. Es war ihr wichtig festzustellen, sie habe es immer schon scheußlich gefunden. Nicht erst jetzt, wo es plötzlich jeder scheußlich findet! Aber die Amerikaner sind ganz verrückt nach dem Ding, wie soll sich da noch einer auskennen.

Fest steht und treu die Wacht am Rhein.

Es gab auf engem Raum viele unsichtbare Sehenswürdigkeiten, ich glaube, das ist bis heute so geblieben. Zum Beispiel der Mäuseturm, der war eine reine Behauptung. Sie konnten einem viel über Mäuse erzählen, die schön grausame Geschichte vom aufgefressenen geizigen Bischof Hatto. Aber man schaute vom Ufer, vom rechten oder linken, auf das Türmchen, und keine einzige Maus war zu sehen. Es bewegte sich überhaupt nichts. Und das Binger Loch: Angeblich saß im Mäuseturm einer, der aufpasste, dass kein Schiff in die Stromenge geriet, aber den sah man nie. Und das Loch auch nicht. Auch von der Loreley nicht die geringste Spur! Die Schwäger und Onkel, mit denen wir hingefahren waren, schauten auf einen hohen Felsen, der aussah, wie Felsen nun einmal aussehen, sangen ein paar Brocken von dem Lied, das bei den Nazis als deutsches Volkslied geführt wurde, und stellten sich wahrscheinlich eine Frau vor, die sich kämmte und ganz anders aussah als ihre eigene.

Dennoch war ich nie enttäuscht, sondern glaubte fest, dass ich irgendwann alles begreifen würde, was mir dieses großmütterliche Universum zu bieten hatte: die Sache mit dem Wein und dem Rheingold (das sah man ja auch nicht) und all die unbegreiflichen Erwachsenensätze.

Denn das Faß vom Vater Rhein wird niemals leer.

Ich kann mich nicht daran erinnern, als Kind jemals im Winter am Rhein gewesen zu sein. In meiner Erinnerung ist es dort entweder hellgrün und gelb, die Weinberge unter dem Schleier der jungen Triebe über einem dicken Teppich aus Löwenzahnblüten, oder orange und rot im Herbst. Im Herbst hatte ich die totale Freiheit, konnte mich bei meinen Freunden in den Kellern herumtreiben und mit einem neuen Wurf Kätzchen spielen, die unsterblichen Gänse ärgern, die Erwachsenen belauschen oder in alten Fotos herumschnüffeln – es interessierte niemanden, und nicht einmal Waschen und Zähneputzen wurde beaufsichtigt. Es war Weinlese und hundert Feste wurden gefeiert, traditionelle, auf die man sich das ganze Jahr freute, oder spontane, weil man sich traf, weil man so viel überstanden hatte, weil man so jung nicht mehr zusammenkam. Oder weil der sensationelle 54er Riesling ein weiteres Mal probiert werden musste.

Gebt doch dem Kind ein Schlückchen. So einen gibt's nicht alle Tage, der ist was für Kenner! Engelspisse.

Der 59er wurde dann viel berühmter, aber da lebte meine Großmutter schon nicht mehr. Man wurde nicht alt in dieser Familie, dabei waren sie alle so leidenschaftliche Lebenskünstler.

Ich war knapp vierzehn, als sie starb. Meine Eltern waren mit mir vier Jahre zuvor nach Wiesbaden gezogen, danach war es die Donau, an die ich zu Besuch fuhr. Erst als ich erwachsen war, fiel mir auf, dass ich an zwei Strömen daheim war, die sich zwar das Quellenwasser im Schwarzwald teilen, aber unterschiedlicher nicht sein konnten. Viele Jahre lang war mir die Donau wichtiger als das verblassende Rheingold meiner Großmutter. Wenn man jung ist, liebt man das Dunkle, Rätselhafte, Heiterkeit in jeder Form ist einem verdächtig.

Aber eines Tages wurde ich zu einer Schiffsreise auf dem Rhein eingeladen, mit lauter Dichtern, von Basel nach Rotterdam. Als wir durch das obere Mittelrheintal fuhren und ich all den unsichtbaren Sehenswürdigkeiten wiederbegegnete, dem Binger Loch, dem Mäuseturm, dem Rheingold, und als ich an den Ufern die Namen der Weingüter an den Wingertmauern und die Villen der großen Winzer sah, war plötzlich alles wieder da. Ich wollte die Gegend von neuem erkunden, das Wispertal und den Rosengarten in Eltville, die kleinen Gassen von Assmannshausen und die frösteligen Konzerte im Kloster Eberbach, die Kirche von Kiedrich und die völlig losgelösten Rentner in Rüdesheim. Es gibt viele Begleiter für diesen kleinen, vollgepackten Landstrich am Rhein, tote und lebendige, klassische, romantische und völlig verrückte. Manche konnten dichten oder machten Musik, schwiegen und tranken oder redeten und tranken, andere streunten einfach mit ihren Gruppen ein paar Stunden herum, fuhren dann wieder nach Hause und trugen fürderhin ein haltbares Bild von Gemütlichkeit im Herzen.

Aber was war mit mir? Würde ich nur freundliche Gespenster finden, wohlfeile Nostalgie, rheinisches Katzengold – oder ein besonderes Stückchen Europa, grade bei mir um die Ecke und gleichzeitig weit weg? Ab Wiesbaden wird die Welt anders, das wusste ich schon früher. Aber wieso eigentlich – und auf welche Weise anders?

Ich sah nach. Es sollten Reisen in eine vertraute Fremde werden.

FRÜHLING

Beim ersten Ausflug des Jahres in den Rheingau – er kann schon im Februar sein, meistens im März, wenn der Winter gar nicht vergehen will, erst im April –, bei der ersten Erkundung im Frühling also regnet es immer. Man hatte sich schon gesehnt nach diesem hässlichen, braunweißen, spießigen Schild an der ewigen Baustelle, der A 66, auf dem steht: WEINLAND RHEINGAU. Es ist, oh Wunder, eine stilisierte Traube drauf.

Schilder sind in dieser Region so eine Sache. Irgendeine Macht sorgt dafür, dass sie zuverlässig jeden Paradieseseindruck versauen. Diese Brandmalereien und Schnitzereien und Dekorationsfässer, furchtbares Rübezahldesign, das tumorartig die lieblichsten Gegenden durchzieht und einen an idyllischen Wegen, in stillen Tälern und auf lichten Höhen hämisch angrinst! Wie schön wäre es, wenn man das ganze tümelnde Gerümpel verschwinden ließe! Und eine ansehnliche, würdevolle Lösung fände, wie man Gäste auf Sehenswürdiges, Berauschendes oder Nahrhaftes hinweisen könnte.

Im Frühjahr, ohne wohltuende Belaubung, sieht man das ganze Zeug noch besser, und bei Regen ist es von furchtbarer Trostlosigkeit.

Wir lassen es uns nicht verdrießen: Trotz allem lässt sich im Rheingau ein wenig eher als anderswo blicken, worauf man so lange Monate gewartet hat: das erste Gelb und Grün und Weiß und Rosa, in dieser Reihenfolge.

Das allererste, sehr sichtbare Grün allerdings ist die Farbe eines Riesenwürfels, der Sektkellerei Henkell, mit dem bekannten Schriftzug drauf und dem Herrn, der aussieht, wie Herren leider seit Urzeiten nicht mehr aussehen. Dieses Bauwerk markiert für mich seit je den Eingang zum Rheingau. Der Herr an der Fassade trinkt Sekt, er sieht aus wie das, was unsere Urgroßmütter einen »Schwerenöter« nannten. Das ist ein unübersetzbares Wort, in die Jetztzeit lässt es sich nicht übertragen. Eine Art Flavio Briatore in fein, vielleicht.

Jedenfalls ist ab diesem Riesenquader Rheingau, im Walluftal knallen uns die Forsythien ihr Gelb in die Augen, überzieht Grün die Trauerweiden, blühen die Schlehen, weiße Wattebäuschchen auf dunklem Grund. Das Rosa von Mandel- und Weinbergpfirsichblüten wird etwas später kommen. Gleichmütig wälzt sich der Rhein an architektonischen Sedimenten von einst und heute vorbei, Villen, die bessere Tage gesehen haben, Baumärkte und Reifencenter, Imbissbuden, verzauberte Parks und furchterregend grade getrimmte Hecken, müde, große Idyllen vergangener Zeiten wechseln sich mit winzigen Kleinbürgerparadiesen von heute ab. Die sind dafür ziemlich lebendig.

Die pompösen und festlichen Bauten von früher sind für uns Heutige immer wie zu groß geratene Kleider. Sie passen nicht, sie schlottern gleichsam um uns herum.

Da steht es, das Schloss Biebrich der Fürsten und späteren Herzöge von Nassau. Wunderbar neu gemacht, sahnefarben und rot schaut es auf den Rhein. Während der ganzen ersten Hälfte des achtzehnten Jahrhunderts ist daran herumgebaut worden, es wurde immer größer und eleganter. Auf der rheinabgewandten Seite liegt der Park, in dem ganz besondere Bewohner zu finden sind, die wollen wir suchen und besuchen.

Irgendwie sehen wir dort falsch aus, wir Zeitgenossen, finde ich, zu klein, zu mickrig, zu grau. Nicht dass das jemanden störte! Die ersten Picknicker wagen sich auf den Rasen, muntere Großfamilien und Schülertrupps, die sich vom aristokratischen Bühnenbild überhaupt nicht beeindrucken lassen. Im Schloss hat sich das Denkmalsamt angesiedelt, die Landesregierung nutzt es für repräsentative Zwecke, das passt ja auch. Es gibt Jahresfeiern diverser Verbände, Bälle, und manchmal wird einem scheidenden Ministerpräsidenten ein Abschiedsfest ausgerichtet. Das ist dann auch schon der Gipfel an Prächtigkeit. Mehr kriegen wir nicht zustande. Und das sieht mitten in der barocken Schönheitsfülle immer ein bisschen ärmlich aus. Wir haben nicht die richtigen Gewänder und die richtigen Gesichtsausdrücke für eine imperiale Umgebung, das Selbstbewusstsein demokratisch gewählter Granden ist notgedrungen brüchiger als das der Fürsten und Herzöge von Gottes Gnaden. Daraus bezieht die im Fall des Biebricher Schlosses ziemlich zusammengestückelte, aber doch wunderbar stimmige barocke Architektur ihre Würde und ihren Charme. Die

Bauherren und ihre Herrinnen waren sich dergleichen wert und wussten die prachtvollen Räume zu füllen. Wir, die Erben, sehen manchmal ein wenig verloren darin aus.

Schon als ich ein Kind war und mit meinen Eltern für ein Jahr nach Wiesbaden zog, gab es die Geschichte von den Papageien im Biebricher Schlosspark. Wir sind aber nie dorthin gefahren, um nach ihnen zu suchen. Eine gute Geschichte musste der Wirklichkeit nicht standhalten, jedenfalls nicht bei uns zu Hause.

Heutige Quellen nennen die achtziger oder neunziger Jahre des letzten Jahrhunderts als Beginn der Biebricher Fremdbesiedlung, aber das kann nicht stimmen. Es muss viel früher gewesen sein, dass sich *käfigflüchtige, standortfremde* Gesellen im Park eingenistet haben, fruchtbar waren und sich mehrten.

Man sollte sie abschießen, sagt ein Parkwächter jetzt zu uns.

Wir sind sprachlos.

Sie verdrängen unsere einheimischen Vögel, sie werden immer unverschämter, es ist eine Schande!

Der Frühlingstag ist kühl, aber nach dem endlosen und schneereichen Winter kommt es uns herrlich warm vor. Die Bäume sind noch licht und durch die Zweige fahren grün-bunte Blitze und kreischen. Es gibt sie! Tatsächlich! Zum ersten Mal sehe ich sie wirklich, die hübschen Einwanderer, und hören tut man sie auch, und wie! Eine Kindheitsgeschichte ist nach vielen Jahren doch Wirklichkeit geworden, wenn sich auch die Freude über die schönen Fremden, die sich in unserer rauen Gegend angesiedelt haben, offenbar in Grenzen hält.

Ich wickle mich fester in meinen Mantel und setze mich in die Nähe einer Buche, in deren Höhlen die Sittiche offenbar brüten. Jeder, der so einen Vogel als Einzeltier daheim in einem Käfig hält, müsste in den Biebricher Schlosspark kommen, er würde sich schämen für das, was er seinem Tier antut. Sie brauchen sicht- und hörbar eine Großfamilie, mit viel Geschwätz und Geschrei, Rangordnungsgezeter und andauernder aufgeregter Unterhaltung. In der Buche geht es zu wie auf einem neapolitanischen Marktplatz. Man kann sich schon vorstellen, dass sich zartere Gemüter gestört fühlen oder die einheimische Vogelwelt durcheinandergerät. Aber irgendeine Symbiose scheint doch zu funktionieren, es hilft ja nichts, und die Information, den Laubbäumen nütze der heftige Verbiss an ihren jungen Trieben, tröstet die ums Federvieh besorgte Parkbesucherin. Die Sittiche knabbern nämlich gern Knospen, aber das regt die Bäume zu stärkerer Verzweigung an, sagen Fachleute. Na dann. Davon, dass die Papageien Meisennester ausnähmen oder Nachtigallen am Singen hinderten, ist gottlob nichts bekannt.

Große Parks wie der des Biebricher Schlosses, aber auch viele andere des achtzehnten und neunzehnten Jahrhunderts sind eine hübsche Gelegenheit, sich über Heimisches und Fremdes Gedanken zu machen und damit, wie eins mit dem anderen auskommt. Barocke Fürsten waren gemeinhin neugierig und setzten alles daran, ihren

Herrschaftsbereichen möglichst viele attraktive Exoten einzuverleiben, in unschuldiger Gier und Neugier. Das galt nicht nur für Pflanzen und Tiere, die sich entweder an die fremde Umgebung gewöhnten oder eben zugrundegingen, sondern auch für Männer, Frauen und Kinder. Dunkelhäutige Menschenmitbringsel oder -geschenke, Völkerschauen: Wovor uns heute graust, war damals selbstverständlicher Bestandteil kulturellen Interesses. Niemand hielt auf dem Jahrmarkt oder nach ihrem Tod ausgestopft im Museum zur Schau gestellte Fremde für ihrer Würde beraubt. Niemand dachte sich etwas dabei, wenn Millionen von toten Tieren aus exotischen Wäldern in die Leichenkammern der Naturkundemuseen geschleppt wurden. Das war Wissenschaft, Fortschritt, dem durfte man sich nicht in den Weg stellen.

Aber wehe, eine Spezies macht sich einfach selbständig, verlässt den ihr zugedachten Platz in Käfigen und hinter Zäunen, breitet sich aus – oder fängt sogar an, das jeweilige Terrain zu dominieren! Alarm! Gegen Integration hätte man ja nichts gehabt, aber gegen Übermacht schon! Und so gibt es immer mal wieder Berichte über unbotmäßige Schnecken und Frösche, allerlei übergriffiges Kraut wie Herkulesstaude oder Wasserhyazinthe – oder eben über die Dreistigkeit der hübschen, geschwätzigen Biebricher Papageien.

Ich höre ihnen zu und freue mich, dass sie den endlosen, eisigen Winter so munter überstanden haben, wie, das bleibt ihr Geheimnis.

Zum Essen in Kiedrich dann der andere Rheingau,

Wirtshaus mit Riesenparkplatz, drinnen Kunststoffreben, eine übermannshohe Plastikweinflasche droht aus einer Ecke, karierte Tischläufer und Damastvorhänge mit starrstaubigen Raffungen. Butzenscheiben, Holzvertäfelung, Menü auf der Schiefertafel. Im Hintergrund läuft das unsterbliche *Concerto di Aranjuez* und der Kellner sagt zu einem Gast: Ich bin ja eigentlich ursprünglich aus Schlesien. Das Essen ist touristenkompatibel, nach dem Motto: Lieber viel als vornehm.

In der Kirche gleich nebenan, sie heißt nach dem heiligen Valentin, wird geheiratet, die frühlingsfeingemachten Hochzeitsgäste in wehender Seide und Chiffon frösteln auf dem Kirchhof, bestaunt von Rentnern in warmen Jacken mit Nordic-Walking-Stöcken. Also kann man sich jetzt nicht das Kircheninnere anschauen, und auf dem Rückweg durch den kühlen Frühlingstag mit Rapsgelb und Rebengrün stellen wir an fast jeder Kirche fest: Da können wir jetzt nicht rein, da wird geheiratet. Die Backsteinkirchen sehen aus, als hätten sie den ganzen Winter darauf gewartet.

Der Rheingau nach dem Winter – das ist eine Art neuer Versuch. Dies ist kein Landstrich, der für sich bleiben kann: Er braucht Besucher, Wanderer Übernachter, Weintrinker, Busladungen, er will überfüllte Gassen und Lokale haben, sonst ist er nicht er selbst. Aber nicht jedes Haus, nicht jede Kneipe oder jedes Hotel erwacht nach der langen Starre zu neuem Leben. Viele machen im Frühjahr die Fensterläden nicht mehr auf. Mit Enthusiasmus haben sich Menschen das ganze Jahr über für den lieblichen Rheingau ins Zeug gelegt, mit Musik, Kunst, Literatur, Gastronomie.

Aber die alljährliche Wiedergeburt ist gar nicht so leicht.

FREISTAAT

Nach Lorch hin kommt man durch sehr viel schöne Gegend. Der Sommer ist erwachsen geworden und der Erntemonat vorbei. Viel Stoppelfelderblond. Weil aber der Sommer sehr nass war, haben sich die Wiesen noch einmal mächtig ans Blühen gemacht, auch die Waldränder sind bunt von Springkraut, Schierling und Goldrute. Der Blick rollt ungehindert die Hügel entlang, in wilden Serpentinen geht es ins Wispertal. Wie Jediritter donnern Horden von Bikern durchs freie Land. Als hätten sie endlich ihr Paradies gefunden, jagen sie durch die Wahnsinnskurven, Gefälle elf Prozent! Und sind so schnell, dass sie das eine oder andere Kreuzlein mit Plastikblumen drumherum am Wegesrand nicht sehen können. Ach, Freiheit! Ein bisschen neidisch gucken wir den schwarzledernen Raubtieren hinterdrein. Was man im Leben nicht alles verpasst hat! Vielleicht geht dieses Gefühl über alles und ist jede Gefahr wert. Sich so die Kurven hinunterzuschmeißen und dabei unter seinesgleichen sein! Selbst die Dicken, und es gibt erstaunlich viele dicke Biker, sehen gefährlich und elegant aus. Wie spießig und ängstlich kommt man sich gegen die wilden Kerle vor! Manchmal guckt ein Zopf unter dem Helm raus und peitscht im Fahrtwind, und manche Zöpfe sind ziemlich grau, aber man kann nicht genau ausmachen, ob es Damen- oder Herrenzöpfe sind, so schnell sind sie hinter den verrückten Kurven verschwunden. Immer neue kommen angeröhrt, umkurven unser Auto, die schwerfällige Blechschachtel, wie dunkle Vögel – und sind weg. Was mögen sie sehen von der Landschaft, die sie durchfliegen? An jeder zweiten Kneipe steht *Bikertreff*, aber das will vielleicht nicht viel heißen. Viele von diesen Kneipen sehen nämlich aus, als habe schon seit Jahren keiner mehr dort gehalten. Wie verwunschene oder verwünschte Hexenhäuschen säumen sie den Weg. An der Laukenmühle treffen wir sie dann, die schwarze Armee. Sie haben abgerüstet und ihre Mordsmaschinen beiseitegestellt, weil sie jetzt hungrig und durstig sind.

Die Laukenmühle ist seit mehr als vierhundert Jahren ein Gasthaus, ein hübsches Ensemble aus einer winzigen Burg, einem Fachwerkhaus und einem großen Mühlrad, das sonderbarerweise nicht im rauschenden Bach, sondern daneben steht. Man hat selten alle Elemente der Romantik in handlicher Größe so nah beisammen wie hier an der Laukenmühle. Und das alles ist in zwölfter Generation in den Händen einer Familie, den Schiffersteins. Zu den Elementen der Romantik gehört unbedingt ein Tal, in diesem Fall das Wispertal, eines der schönsten Täler, die ich kenne. Eine Burgruine. Der Bach. Die Mühle. Wobei die Burg so winzig ist und so nah bei den anderen Gebäuden steht, dass man sie für einen Scherz aus dem burgenverrückten neunzehnten Jahrhundert halten könnte. Sie ist aber wohl ernst gemeint gewesen, hieß Lauxburg und war ein Kurmainzer

Lehen. Für die modernen Ritter auf ihren vielen Pferdestärken wäre sie auf jeden Fall zu klein, die würden nicht reinpassen. Aber die Ledermänner und -frauen schauen gar nicht zu ihr hinüber, sondern auf ihre Teller, und was sie sehen, scheint sie zufriedenzustellen. Es gibt Wanderer- und Ausflüglerportionen, eine solide Karte ohne Experimente, und das ist gut so.

Meine Neugier wird aber durch etwas anderes geweckt, eins von den Schildern aus Holz, die normalerweise auf eine Höhle, einen Wanderweg oder einen Aussichtspunkt hinweisen. Auf diesem aber steht:

HISTORISCHER FREISTAAT FLASCHENHALS 1919–1923

Ich versuche, ein paar Geschichtskenntnisse aus den hinteren Regionen meines Gedächtnisses zu klauben. Der Erste Weltkrieg zu Ende, der Kaiser abgehauen, Aufruhr in Berlin, München und sonstwo. Die Nähe Frankreichs, der Rhein war ein verbissen umkämpfter Strom. Gleichzeitig war aber traditionell auch viel Liebe zu allem Französischen am Rhein zu Hause. Offenbar hatten sie also hier in diesem abgelegenen Eck ein Experiment mit der Freiheit gewagt, immerhin vier Jahre lang, wenn man dem unscheinbaren Schild glauben kann. Oder haben sie es gar nicht gewollt, war der Freistaat nur ein den Nachkriegswirren zu verdankender verwaltungstechnischer Unfall?

Ich setze mich hin, um ein wenig nachzudenken und den alten republikanischen Geistern die Chance zu geben, um mich herumzuspuken. Das ist übrigens viel schöner als googeln! Es duftet nach Wald und Schnitzeln, zur freiheitlichen Zeit ist hier schon seit Generationen gekocht worden. Damit werden sie damals nicht aufgehört haben, auch wenn es nach dem verheerenden Krieg nicht viel zu kochen gab: Revolutionäre müssen essen und trinken, viele behaupten, vor allem Letzteres.

Ich kann es jedem nur empfehlen: sich hier satt auf eine Wiese zu setzen, die vier Grundpfeiler der Romantik – Burg, Bach, Mühle und Wald – im Blick, und über die Versuche der Menschen nachzudenken, der Freiheit eine Gasse zu bahnen, wenn es sein muss, durch einen Flaschenhals.

Nach dem Ersten Weltkrieg, nach der ersten Jahrhundertkatastrophe mit vorher nicht gekannten Schrecken haben vielerorts Menschen ihr Heil nicht mehr im Großen und Mächtigen gesehen, sondern im Überschaubaren. Man hatte seine Knochen für Hochmut und Nationalismus hingehalten und die Götterdämmerung mit Mühe überlebt, jetzt wollte man seinen Lebensrest selbstbestimmt und einigermaßen glücklich gestalten. Das ginge, so haben sie sich hier vielleicht gedacht, am besten an einem kleineren, gut versteckten, dennoch wegen seiner Lage am Strom schwer gebeutelten Ort. Man kannte einander, jeder hatte jemanden verloren, ideologische Kämpfe wie in den großen Städten waren hier weniger zu erwarten. Sie würden vielleicht nicht durch den Flaschenhals passen!

In Wirklichkeit war der Freistaat ein schmales, unbesetztes Stück zwischen dem amerikanischen Brückenkopf von Koblenz und dem französischen von Mainz. Regieren tat es ein Landrat Büchting, dessen Stellvertreter vor Ort war ein gewisser Edmund Pnischek, der sogar Notgeld drucken ließ. Ich lasse mich von meinen republikanischen Abenteuerträumen nicht so schnell abbringen, es müssen verrückte Zeiten gewesen sein. Weil die Züge in der Freiheit nicht mehr hielten, mussten die wenigen tausend Bewohner des Flaschenhalses kräftig schmuggeln. Das wurde den Franzosen zu bunt, sie besetzten den Freistaat am 25. Februar 1923 und blieben eineinhalb Jahre. Den Edmund Pnischek steckten sie ins Gefängnis.

Ob meine Familie auf der anderen Rheinseite dieses Experiment kannte? Es gibt Fotos von meiner Großmutter und meiner Tante, ganz kess in Feldgrau mit Soldatenmützen, da waren sie noch halbe Kinder. Mein Onkel Battist soll sich einen Krieg später verrückt gestellt haben, damit er nicht hinmusste. Es ist keiner mehr da, den ich fragen könnte.

Mittlerweile haben Winzer und Wirte die Werbewirksamkeit des Flaschenhalses erkannt, der Begriff passt ja gut. Ich muss aber trotzdem daran denken, wie große Katastrophen grade an kleinen Orten überlebt und bewältigt werden können.

Die kleinen Orte an beiden Ufern des Rheins stecken voll solcher Geschichten, List und Winzerstolz spielen eine Rolle, aber auch Misstrauen gegen alle Arten von Autorität. Das ist Bauernart, und die Winzer hielten sich seit jeher für die edleren unter den Bauern: Man lässt sich ungern von irgendwoher oben sagen, was man zu tun hat. Das weiß man schon selber am besten. Es ist die Rede von Zeiten, als ein so abstraktes Oben wie die EU noch nicht auszudenken war. Auch mit den Erbfeinden war das so eine Sache: Die immer wieder von neuem angefachte Feindschaft hielt viele Rheingauer und Rheinhessen nicht davon ab, sich in französische Mädchen zu verlieben, französische Wörter im heimischen Dialekt unterzubringen oder bei Hochzeiten Champagner zu trinken. Es gab immer wieder einen kleinen Frieden, auch im Großen Krieg, und traurig ist nur, dass das nicht ein für alle Mal genutzt hat.

Freistaat Flaschenhals – auf der Wiese vor der Laukenmühle war das eine kleine Träumerei, schließlich ist hier so ein Fleck Erde, der einen glauben lässt, die Welt könnte eigentlich ganz schön und vernünftig sein, wenn man sie denn nur ließe. In Wahrheit hatten es die ungefähr siebzehntausend Bewohner des kleinen Niemandslandes zwischen dem Rheintal und Limburg in ihrer vierjährigen Autonomie wahrscheinlich noch schwerer als die im besetzten Gebiet. Ob sie trotzdem stolz waren? Weniger gedemütigt als die Menschen unter alliierter Verwaltung?

Seit dem Jahr 1994 steht die wiederentdeckte Marke *Freistaat Flaschenhals* für Wein und feine Obstschnäpse.

Am Rheinufer in Lorch holen uns die Biker wieder ein, und es gibt noch eine andere motorverrückte Spezies, die hier gehäuft vorkommt: die Oldtimer. Das bezieht sich offenbar auf Wagen und ihre mit Staubbrillen und Lederkappen verkleideten Fahrer. Man versteht auf der Rheinuferterrasse sein eigenes Wort nicht mehr, das macht aber nichts, weil es eine Rallye ganz eigener Art zu sehen gibt. Die Oldtimer bahnen sich zwischen den Bikern ihren Weg wie Schwäne durch einen Wespenschwarm. Wenn man davon genug hat, ist man schnell wieder zurück in der wunderbaren Einsamkeit und Stille des Wispertals mit seiner eigentümlichen Verlorenheit und Dornröschenhaftigkeit. Vieles hier sieht aus, als sei es in einen Schlaf gefallen, manchmal wirkt das auch ein bisschen traurig. Eine kleine Traurigkeit überfällt einen im Rheingau immer mal wieder. Heruntergelassene Rollläden, schöne, im Stich gelassene Gärten, ergraute Villen, denen man das gute Leben von einst noch ansieht wie einer Neunzigjährigen ihre Schönheit. Vielleicht gibt es zu wenig Erben für diese versunkene Welt. Gewiss, es bemühen sich viele und es gibt erstaunliche Renaissancen in der Region, meistens spielt die Kultur dabei eine Rolle. Das Rheingau-Musik-Festival und das Rheingau-Literatur-Festival sind da im besten Sinne mitschuldig.

Ich meine aber nicht die Juwelen, sondern die bescheideneren Steinchen, aus denen eine Region besteht: Läden, kleine Hotels, Weinlokale, es gibt so viele fast gestorbene Orte, die ich auf meinen Reisen sehe, aber weit und breit keinen Investorenprinzen, der sich ans Wachküssen macht. Es ist das alte Dilemma: Wie könnte man das anmutige Alte behutsam retten, ohne es zu verklären, aber auch ohne es zu zerstören? Will überhaupt noch jemand in engen Gässchen und krummen Häusern mit niedrigen Decken leben, in steilen Wingerten herumkraxeln und sich von den Nachbarn die Zuckerstücke in den Kaffee zählen lassen?

Ich weiß nicht, was soll es bedeuten, daß ich so traurig bin – ja, das passt.

ALTDEUTSCH

Durch die Weinorte geht es bei Assmannshausen hinauf, vorbei an Kneipen, die natürlich *Krone* heißen oder *Anker* oder auch *Zum fröhlichen Hühnerstall.* Ich will eine etwas peinliche Frau besuchen, ohne die der Rheingau nicht denkbar ist. Eigentlich sind es zwei Frauen, die diesen Stromabschnitt prägen, wobei die andere nicht ganz dazugehört. Aber eben doch, kaum dreißig Kilometer von Rüdesheim entfernt, in unmittelbarer Hörweite. Die ich jetzt besuche, heißt Germania. Die andere Loreley, oder -lay oder -lei. Das Heroische – und das Niederwalddenkmal, die Germania, ist heroisch gemeint – wird von der deutschen Ordnungsliebe ein bisschen kleingemacht. Busparkplatz, Wegweiser sonder Zahl, auch zu den Toiletten, Abgrenzungen und Zäunchen, gleich dreimal trägt die Riesenfrau ein Schild, auf dem steht, dass man sie *nicht besteigen* dürfe. Bis man ihr endlich ins Gesicht schaut in fast 38 Metern Höhe, wird der Blick von martialischem Männergewimmel und heroischen Texten auf dem Sockel verwirrt. *Fest steht und treu die Wacht am Rhein.* Das ist ihr Lied. Der Sieg nach dem 1870–71er Krieg über die Franzosen und das wiedererrichtete Kaiserreich führten zu Germanias Geburt. Die war nicht leicht und dauerte zwölf Jahre. Es ist wohlfeil, sich über sie lustig zu machen. Wenn man sie unvoreingenommen anschaut, hat sie ein liebliches Gesicht, keine Hojotoho-Fratze, und sie scheint ihre Krone nicht *stolz hochzuhalten*, sondern erleichtert wegzuwerfen, fast wie einen Diskus.

Johannes Schilling hat sie entworfen, und man kann sich vorstellen, wie damals, in Siegesstolz und Reichsgründungsfieber, dreingeredet und der Standplatz diskutiert und gemeckert wurde. Nichts scheint mehr zu entzweien als die Einigkeit, und die sollte sie verkörpern, nicht nur nach dem Krieg, sondern auch nach der kläglich steckengebliebenen Revolution von 1849. Sie sähe zu republikanisch aus, hatte man ihr vorgeworfen. Heute, im grenzenlosen Europa, ist sie von alldem befreit. Sie hebt sich aus dem längst verblichenen Kriegsgewimmel zu ihren Füßen mit ihrem hübschen, distanzierten Gesicht genauso wie aus dem Gewimmel von Handy-in-die-Luft-Haltern. Ihr Herrschaftsbereich ist der Niederwald im Rheingau. Das genügt. Die Franzosen kommen längst als Gäste, und das Lied vom festen und treuen Stehen ist verstummt. Es gibt eine Ansichtspostkarte, auf der Germania aufgefordert wird, sich endlich zu setzen.

Die Loreley? Ein naher Felsen, Flusskilometer 554, rund hundertzwanzig Meter hoch, Schiefergestein, ein paar Büsche und Bäumchen, die sich festkrallen. Auch sie hat ihr Lied. Schiffe ziehen an ihr vorbei, große Schiffe, stromaufwärts, stromabwärts. Wo lauert hier eigentlich die Gefahr? Wo sind die Strudel? Man soll sich nicht täuschen – im Januar zweitausendelf war es wieder so weit. Ein großes, mit Schwefelsäure beladenes Doppelwandschiff fiel um wie Spielzeug. Zwei Schiffsleute ließ sie knapp entkommen, zwei andere, einen Deutschen und einen Tschechen, nahm sie sich. Die größte deutsche Boulevardzeitung brauchte eine gute Woche, bis sie die Schuldige ausgemacht hatte: *Der Fluch der Loreley?* Sie zitierten Heines Lied ein bisschen falsch und behaupteten, die verhängnisvolle Wasserfrau säße am Rheinufer und nicht oben auf dem Felsen. Die Sage ist also haltbar, bis ins digitale Zeitalter.

Für mich haben die Loreley und die Germania immer zusammengehört, als Verkörperungen von nicht leicht fassbaren großen Gefühlen. Als Kind war ich enttäuscht, dass auf dem Felsen nicht eine Art Rapunzel saß und sich kämmte. Hundertzwanzig Meter lange blonde Haare, das wäre was gewesen. Sie hätte natürlich immer nur den Ansatz kämmen können. Dass man gar nichts Außerordentliches dort zu sehen bekam, erschien mir irgendwie schäbig. Eine zerfledderte Fahne, eine Schrift, das wars schon. Die kleine Rheinjungfrau an der Mole, die ihrer Kopenhagener Schwester ziemlich ähnlich sieht, habe ich erst Jahre später entdeckt.

Obwohl sich die Dichter der Romantik gern hinter fernen Sagen und uralten Zeiten versteckten und so taten, als seien sie nur Verkünder, hatten sie selber die Hauptperson auf die kahle Bühne gebracht, die Lorelei oder Lorelai oder Lurelay oder Loreley. Unter dem letzten Namen hat die Rolle dann Heinrich Heine für alle Zeiten festgeschrieben. Sein *Märchen aus uralten Zeiten* war keins, aber irgendwann wird es eines sein, denn dieses Lied wird noch gesungen werden, wenn wir alle längst vergessen sind.

Eine einleuchtende, allerdings durch nichts zu belegende Geschichte sagt, dass die Nazis es nicht wagten, den Deutschen das Lied des Juden Heine wegzunehmen und es deshalb zum Volkslied erklärt hätten. Katja Czarnowski spürt in ihrem spannenden Essay über die Loreley *Genese einer Sage* allen Wegen und Irrwegen nach, auf die Volkes Stimme und Politik, Geschichtsklitterung und Sehnsucht die Blondine haben geraten lassen. Die nationalistische Vereinnahmung verwundert nicht, wenn sie auch nicht so richtig klappen wollte, da ist er zu mächtig, der Dichter Heine mit seinem wunderbaren Lied. Der eigentliche Vater der Loreley, bei ihm Lureley, Clemens Brentano, dem das Völkische nicht fremd war, bleibt weit hinter Heine zurück.

Zu Bacharach am Rheine lässt Brentano in seiner Ballade eine Unglückliche beim Bischof um ihren Tod flehen, weil sie endlich kein Unglück mehr über die Männer bringen will. Er hatte vorgegeben, sein Geschöpf aus *alten Zeiten* geholt zu haben, dieser sonderbaren Mischung aus Trutz und Treu, von der nicht nur im Rheingau jedes bürgerliche Wohnzimmer sein eigenes Lied sang. *Altdeutsch* – das war ein romantischer Mythos, eine Verkleidung, ein historisierendes Theater. Germania allenthalben! Kneipen hießen *Altdeutsch*, und das Schlimmste war der gleichnamige Wohnstil. Man begegnet heute nur noch seinen Resten, auf Flohmärkten, beim Sperrmüll oder beim Trödler. Da wirkt er harmlos, seine grässliche

Düsternis, sture Vergangenheitsverklärung und zerstörerische Steifheit bringt uns zum Lachen. Längst ist sein Schrecken gebannt und seine Verlogenheit entlarvt. Geschnitzte Reichsadler, Schränke, groß wie Gartenhäuschen, düstere Eiche, die Loreley halbnackt als Ausgleich für die allgegenwärtigen Marien mit himmelwärts verdrehtem Blick. Übrigens war die Darstellung von allerlei allegorischen Gestalten, Märchenfiguren und Heldenjungfrauen nicht zuletzt deswegen so beliebt, weil man ihnen ungestraft auf den Busen gucken durfte. Im durchaus altdeutschen Wohnzimmer meiner Tante gab es eine Rheinnixe auf einem Vertiko mit grünen und gelben Butzenscheiben. Sie war ungefähr einen halben Meter lang, aus Terrakotta und in der Mitte durchgebrochen. Nach dem Abstauben wurden die beiden Teile jedesmal sorgfältig, Bruchkante auf Bruchkante, aufeinandergelegt. Ich war sechs oder sieben und fand sie wunderschön, allerdings hielt ich sie für eine Indianerin, weil sie rot war.

Die deutschtümelnde Bühne, auf der auch die *deutscheste Jungfrau* ihren Auftritt hatte, bekam dann nach 1870/71 endlich eine wirklich sichtbare Hauptdarstellerin. Germania wurde für eine Million Goldmark ins Leben gerufen, damit die großen Gefühle ein Bild hätten, ohne undeutsch-jüdische Störungen. Erst nach drei Kriegen wurden die heroischen, nationalen, kitschigen und sentimentalen Gefühlstrümmer allmählich abgeräumt.

Warum die Romantik und besonders die Rheinromantik zur Wegbereiterin dieses politischen und ästhetischen

Miefs werden musste, ist gar nicht leicht zu erklären. Die *mondbeglänzte Zaubernacht* von ehedem verbarg die Erbärmlichkeiten des Alltags, die der romantischen Hochgestimmtheit im Wege standen, das war sicher einer der Gründe, weswegen das *Alte* so poetisch aufgeladen wurde. Zudem greift Clemens Brentano für seine Frau Lureley, die in den *Rheinmärchen* keine Jungfrau mehr ist, sondern Mutter von sieben Töchtern, tief in die magische Requisitenkiste. Da wimmelt es von sprechenden Tieren. In Kristallhöhlen umgeben Samt, Juwelen und Seide schlafende weise Männer und Feuerzaubereien. Man kommt vor lauter altertümelnden Absonderlichkeiten gar nicht auf einen Kern der Geschichten.

Heil dem, der die Zeit erfüllet,
Der die ew'gen Maße mißt
Und die Pein mit Schlaf umhüllet,
Wenn die Schuld versühnet ist.

So singt sie bei Brentano, die Frau Lureley. Blond und holdselig ist sie natürlich auch. Sie lebt noch nicht auf dem Felsen, sondern wesentlich gemütlicher in einer aus Wasserbinsen geflochtenen Laube, die auf vier Korallenbäumen ruht.

Mit der schroffen Realität des Ortes hat Brentanos knallbuntes Rheinmärchen nicht das Geringste zu tun. Heines Verse passen sich viel besser den Gedanken an, die einem unwillkürlich kommen, wenn man das seit Jahren geschlossene, sachte verfallende kleine Hotel am

Fuß des Felsens anschaut. Das Lied hat die ungewisse, ziehende Traurigkeit, die einen in dieser legendenbeladenen Gegend öfter befällt. Denn es ist nicht zu übersehen: Es gibt auch hier viel Verlassenes, Häuser, Gaststätten, Gärten.

Warum wurde diese Rheinlandschaft ein solcher Sehnsuchtsort? Das habe nicht zuletzt mit der Erfindung der Dampfschifffahrt zu tun, schreibt Katja Czarnowski. Gemächliches Reisen zu Wasser braucht Blickfänge, Geschichten, Höhepunkte. Zu den Burgen und Weinbergen kamen große Gefühle für jedermann. Außerdem durfte man auf Rheinpartien schon vormittags Wein trinken, was zu vielgestaltigen Schwebezuständen bei Reisenden beiderlei Geschlechts führte. Es war sogar ausdrücklich gewünscht, dass getrunken wurde: Schließlich wollten die Winzer ihren Wein verkaufen und auch dem einfachen Volk nahebringen, dass Wein nicht nur was für hohe Feiertage war. Außerdem entwickelte sich eine bis zum heutigen Tag florierende Andenkenindustrie, um die in Gang zu halten, braucht es dringend Alkohol. Nüchtern würde das Zeug niemand kaufen.

Der wunderbare, wenn auch leider stalinistisch verblendete Dichter Peter Hacks konnte Romantik und Romantiker überhaupt nicht leiden. In seinem bösen Büchlein *Zur Romantik* nennt er dafür einige Gründe, die angesichts der Massen von Rheinkieselkettchen, Minigermanias, Gipsloreleyen, Wurzelmännlein und unbrauchbaren bemalten Tässchen und Gläschen einleuchten. Die Romantiker seien alle zu jung und zu jugendverliebt, sagt Hacks. Deswegen altere das Romantische nicht vernünftig, es verschimmele vielmehr. *Die Jugend ist eine Not, aus der der romantische Lebensstil versucht, eine Tugend zu machen.*

Die Jugend eine Not? Ach, das denken sie bestimmt nicht, die vielen grauhaarigen Rheingaugäste, ganz im Gegenteil.

WASSER

Wenn man Mitte der siebziger Jahre einem jungen Menschen erzählte, man sei schon mal im Rhein baden gegangen, erntete man Gelächter. Rheinmärchen! Baden in einem Strom, undenkbar. Wenn man ein Fotonegativ hineinhalte, entwickle das Bild sich von selber, so viel Chemie sei in dem Fluss! Mutige Halbwüchsige, denen das egal war, stanken wie BASF und Hoechst zusammen, wenn man sie aus dem Fluss jagte. Nur nichts schlucken von dem Wasser, davor hatten auch die ganz Kühnen Respekt!

Dabei gibt es schöne Kindheitserinnerungen ans Schwimmen im Rhein der Vorwirtschaftswunderzeit. Manchmal zog man sich auf den Holzplanken des Badeschiffs Splitter an empfindlichen Stellen ein, das Rheinwasser war zwischen Planken gezähmt und trotzdem echtes Flusswasser, das nicht nach Chlor und längst noch nicht nach Chemie, sondern eben nach Wasser roch. Übrigens hatte der Rhein einen ganz anderen Geruch als die Donau, ich hätte beide Ströme blind voneinander unterscheiden können. Mit der Donau, ihrem Wasser und ihrem Grund verband ich immer Düsteres, Geheimnisvolles. Das Rheinwasser versprach Reichtum, Rheingold eben. Oder den *goldnen Wein*, in den es sich verwandelte. Der Rhein war auf eine ganz andere Art magisch als die Donau. Seine Mythen waren heiterer und handfester und hatten nicht so viel mit dem Tod zu tun. Es gab ihn, aber er siegte nicht immer.

Also, man schwamm im Rhein, aber im Lauf der Nachkriegs- und Wiederaufbaujahre schwamm so viel anderes den Rhein hinunter, dass man bald nicht mehr in ihm schwimmen konnte. Jahrzehntelang galt die Verseuchung der Flüsse als unabdingbar, weil wohlstandsfördernd. Eine ganze Generation kannte Flüsse und Ströme lediglich als Dreck- und Chemietransportwege und schien sich damit abgefunden zu haben. Mitte der siebziger Jahre setzten sich dann die ersten Reinhaltungsgebote zögernd durch. In Schweden gab es damals eine Waschmittelwerbung, die hieß: *Hält nicht nur des Königs Kleider sauber, sondern auch des Königs Flüsse*. Das war neu. Der lange Weg zurück, von der Dreckstraße wieder zur Wasserstraße, hatte begonnen. Rückschläge gibt es immer wieder, aber der Strom wird beobachtet, begutachtet, seine Temperatur und seine Werte werden gemessen, er ist ein schwieriger Patient auf dem Weg der Genesung. So gut es geht, wird er auch beschützt. Mittlerweile kann man im Rhein wieder baden, jedenfalls an manchen Stellen. Es braucht etwas Mut, auch wegen der Strömungen, in heißen Sommern holt sich der Strom gern Schwimmer, die sich über- und ihn unterschätzen.

Meine Tante Annchen hat oft erzählt, dass man in ihrer Jugend den Dienstboten nicht zu oft hatte Lachs vorsetzen dürfen. Das müssen Zeiten gewesen sein! Rheinlachse satt, ein Volksnahrungsmittel, ein Armeleuteessen! Der Rhein war jahrhundertelang ein wichtiges Laichgewässer für den Edelfisch. Das ist er schon lange nicht mehr, aber es gibt wieder Lachse, immerhin. Allerdings nur mit menschlicher Nachhilfe. Jedes Jahr werden gezüchtete Jungfische ausgesetzt, und jeder Lachs, der es ins Erwachsenenalter geschafft hat, wird gewogen, gemessen und bejubelt, nicht gegessen. Sonderbar, und nicht nur das Rheinwasser kündet davon: Erst hat man etwas im Überfluss, nämlich Natur, dann wird sie unterworfen, was sie nicht verträgt, und dann rettet man mit einem enormen Aufwand an Geld und Bürokratie die Reste. Es ist ein ständiger Kampf zwischen Interessen, wobei der Strom die seinen nicht artikulieren kann. Immer wieder kommt es zu Bedrohungen, wie das mit Schwefelsäure gefüllte Schiff im Winter 2011 bei St. Goarshausen zeigte. Mit dem Abpumpen hatte es nicht geklappt, der Schiffrumpf verzog sich, er sträubte sich wie ein lebendiges Wesen, und nun sollte es der Rhein wieder richten und die Säure wegtragen. Kontrolliert. In unschädlicher Verdünnung. Ich sehe die Wasserfachleute vor mir, wie sie feilschen, wie viel man ihm zumuten kann, dem so mühsam wieder ins Leben zurückgeholten Strom. Um die sechzig Fischarten wohnen wieder in ihm, und was mich besonders bezaubert, sind die finger- bis fußnagelgroßen Süßwassermuscheln, die ich immer wieder finde. Ein Glas voll von ihnen steht auf meinem Schreibtisch, sie sind hellbraun mit weißen Streifen, manche haben weiße Bäckchen, ihr Perlmutt ist ganz dünn und brüchig, eine zarte, schimmernde Schicht. Glasstücke sind auch in meinem Rheinglas, grüne und blaue, die der Fluss rund- und raugeschliffen hat, das kann er so gut wie die Nordsee. Wer an seinen Ufern die Augen offenhält, wird staunen, was alles dort hingetragen worden ist und sich von seinem Wasser nährt. Eine ganz merkwürdige Vegetation findet sich, ich habe schon gekeimte Kokosnüsse, zwischen den Steinen aufgegangene Tomaten, Schnittlauch, kleine Kornfelder, Sonnenblumen, Hanf und einmal sogar eine kleine Palme gefunden.

Der Rheingau ist ein besonderer Stromabschnitt, er lässt nicht zu, dass man sich von ihm wegdenkt, wie man es gern an Ufern tut. Wo kommt er her? Wie geht sein Weg weiter? Wie mündet er? Der Rheingau verlangt ungeteilte Aufmerksamkeit und erlaubt kein Fernweh. Das war schon so, als er noch nicht als Weltkulturerbe mit dem unpoetischen Namen *Oberes Mittelrheintal* etikettiert war. Ich kann mich an viele Fahrten erinnern, die mir auf dem Fluss dieses sonderbare Stillstandsgefühl vermittelt haben, das Schiff zog weiter, aber irgendetwas hielt einen hier fest, eine Art unsichtbarer Anker. Es ist sehr lange her, da bin ich nachts hier gefahren, auf einem Frachtschiff. In der legendären Schiffskneipe beim alten Watrinbad im Mainzer Winterhafen hatte mir das ein Rheinschiffer angeboten, und ich bin einfach mit, so mutig ist man mal gewesen. Ich erinnere mich an das schwarze Wasser und die schwach beleuchteten Ortsnamen an den Ufern, schweigende Geschichten. Der Rheinschiffer hat auch nicht viel geredet.

Jahre später bin ich wieder vorbeigefahren, diesmal

in der Gesellschaft einer Schar von unablässig mit- und gegeneinander redenden Schriftstellern, lauter am Rhein ansässige Dichter, die ihre lange Heimat von Basel bis Rotterdam erkunden und besingen sollten. Bis das Narrenschiff im Rheingau ankam, hatte seine Besatzung schon gelernt, wie man mit Überwältigung umgeht. Ab vormittags gabs Weinproben, und Erich Fried, Gott hab ihn selig, schrieb jedes Stück Papier voll, das er kriegen konnte. Es dichtete stromartig aus ihm heraus, sozusagen. Die Schweizer Kollegen wurden melancholischer, je weiter man von der Schweiz wegkam, und die Holländer fröhlicher, je mehr man sich ihrem Niederrhein näherte. Die Franzosen mokierten sich über alles, und wir Deutschen wollten es uns mit keinem verderben.

Ein kurzes, schönes Gleichgewicht gab es im Rheingau, alle schienen sich hier irgendwie wiederzufinden und verharren zu wollen. Der Strom ist hier so hübsch international, weil alle Welt hierherkommt, um ihn zu besuchen, nicht nur die von seinem Oberlauf, die glauben, hier gehe es heiterer zu als bei ihnen daheim. Auch von seinem anderen Ende kommen sie und von der Seine, vom Ebro und vom Dnjepr. Natürlich machen sich alle über Rüdesheim und die Rheinromantik lustig, das ist Tradition.

Auf dem Wasser wird die Befangenheit weggesungen und weggetrunken, das gilt für die Touristen; bei den Rheinnutzern verschwindet sie hinter Geschäftigkeit und besorgten Kalkulationen. »Der Stau kostet uns fünfzehnhundert am Tag.«

Ob all die Fische, die wieder im Rhein leben, von Aal bis Zander, ein sogenanntes kontrolliertes Ablassen überstehen? Besser nicht dran denken. Ein Strom hat immer auch seinen Beruf als Transporteur, das birgt Risiken. Die Schönheit, die sich im Wasser spiegelt und einen an manchen Frühlingstagen oder Herbstabenden zu Tränen rühren kann, ist eine Dreingabe. Wir Zeitgenossen haben nichts für sie getan. Sie ist in Jahrhunderten aufgebaut, genutzt und abgenutzt worden, ein gemächliches Entstehen und Vergehen war das. Weil sie so jung waren, erlagen besonders die Romantiker dem Charme von Ruinen. Jetzt wird ein großes Getue ums Bewahren gemacht, Horden von Beamten beugen sich über jeden Stein, bei manchen architektonischen Brutalimplantaten schauen sie aber weg. Die Wirtschaftlichkeit. Und das Rheinwasser spiegelt gleichmütig Schönes und Hässliches. Clemens Brentano erzählt uns in seinen *Rheinmärchen*, das Allerschönste sei unter Wasser, auf dem Rheingrund zu finden. Verkleidete Karpfen und rote Schuhe, die der Rhein zu seiner Besitzerin trägt, und dann lässt er das Wasser des Stroms zu einer Fülle von Personen werden. Da kommen zwei schöne, kräftige Jünglinge, der Weiße und der Rote Main, und sie bringen Freundinnen und Freunde mit, *die freundige Urdach, die freundliche Itsch, die lustige Baunach, Lautenbach und Ellern, dann die edle Nordgauerin, die Rednitz, mit ihren Gespielen, der kunstreichen Pegnitz, der Wiesent und Aisch, weiter die kluge Saale und die sinnreiche Sinna, dann die spielende Lohr und die berauschte Tauber und zuletzt die liebliche*

Nidda – und plötzlich taucht in Brentanos überdekoriertem Märchenpandämonium etwas sehr Schönes auf: All diese Wasser sind es, die an uns vorbeifließen, und wenn man sich die Mühe macht, auf der Karte die Wege dieser Stromgefährtinnen und -gefährten zu verfolgen, kann es geschehen, dass man seine nächste Reise plötzlich nicht mehr nach Mallorca machen möchte. Man schaut aufs Wasser, von irgendeinem seiner Rheingauer Ufer aus, man versucht, bis auf den Grund zu sehen: Für seine Farbe gibt's keine Bezeichnung. Sie wechselt zwischen hunderterlei grün, grau und braun. Blau ist nicht dabei, manchmal etwas Silber. Brentano lässt sie singen, all die Flüsse, aus denen dieses Wasser gemacht ist:

Himmel oben, Himmel unten,
Stern und Mond in Wellen lacht,
Und in Traum und Luft gewunden
Spiegelt sich die fromme Nacht.
Welch entzückend laues Wehen!
Blumenatem! Traubenduft!
Wie die Felsen ernsthaft sehen
In des Widerhalles Kluft!
Rhein, du breites Hochzeitsbette!
Himmelhohes Lustgerüst!
Wo sich spielend um die Wette
Stern und Mond und Welle küßt.

Es gibt Nächte am Rhein, in denen man diese Zeilen einfach glaubt. Man erträgt willig die vielen Ausrufezeichen und das Hochgestimmte, auch die ziemlich naheliegenden Reime machen einem nichts aus. Die Wellen glänzen im Mondenschein, jawohl, das tun sie. Weit weg sind wir von allem Bösen, das in den Strom gelangt ist und noch gelangen wird. Er wird das Böse wegtragen. Kontrolliert.

KAROLINE

Se sinn noch net in Winkel, sagt eine alte Frau zu uns. Des is Oestrisch.

Ich habe mir schon lang vorgenommen, ein bestimmtes Grab in Winkel zu sehen, vielleicht sogar die Stelle am Rhein zu finden, wo die *Sappho der Romantik*, Karoline von Günderrode, sich mit 26 Jahren das Leben genommen hat. Aber zwischen Winkel und dem Strom ist jetzt eine Schnellstraße, und in den siebziger Jahren des letzten Jahrhunderts hat man aus vier Orten einen gemacht, der Oestrich-Winkel heißt und dazu noch aus Mittelheim und Hallgarten besteht. Das Ganze ist die *größte Weinstadt* des Rheingaus.

Winkel ist ein stiller Ort, viele Häuser haben ein Schild: *Baudenkmal* und über der Tür die Kreidezeichen von Dreikönig. Allerdings ist der Segen bei nicht wenigen Häusern schon ein paar Jahre alt. Die Dachfirste tragen Jahreszahlen, aus denen hervorgeht, dass die unglückliche Dichterin an diesen Häusern vorbeigegangen sein muss. Im Sommer 1806 war sie zu Besuch auf dem Gut der Familie Servières, bei ihren Freunden.

Jetzt stehe ich vor der mächtigen Barockkirche Sankt Walburga, sie wird grade renoviert, hinter ihrem breiten Rücken liegt der Friedhof. Mitten zwischen den Gräbern ist eine kleine Kapelle, ich schaue hinein und erschrecke, da wartet ganz allein bei weit geöffneten Türen ein geschmückter Sarg. Ich gehe durch die Grabreihen, ihres muss an einer Wand sein, das weiß ich von Fotos. Aber ich kann es nicht finden. Ein paar Menschen stehen um ein offenes Grab und rücken Blumen zurecht. Dahin wird wohl in Kürze der Sarg aus dem Kapellchen gebracht werden. Ich traue mich nicht, nach der Günderrode zu fragen.

Könne mir Ihne helfe?, ruft ein Mann freundlich.

Ich suche das Grab von Karoline –

Er unterbricht mich:

Do hinne, wenn se den Bauzaun entlanggehe, e bissi versteckt, an de Mauer.

Ich bedanke mich. Sie ist wirklich »e bissi versteckt«, es rührt mich, dass in der Sekunde, als ich sie finde, die Totenglocke zu läuten beginnt.

Das Grabmal an der Mauer sieht aus, als sei es aus verschiedenen älteren Steinelementen hastig und lieblos zusammengesetzt worden. Sie umgeben eine Bronzeplatte mit einem schwer lesbaren Text, den man damals auf ihrem Tisch gefunden hatte. Links steht eine düstere Eibe, rechts eine struppige Mahonie, ein paar skelettierte Rosen liegen davor. Hier, in diesem kleinen Ort am Rhein mit seiner großen Kirche liegt die traurige Königin der deutschen Romantik, obwohl sie eine Selbstmörderin war, in geweihter Erde.

Karoline Friederike Louise Maximiliane von Günderrode, geboren am 11. Februar 1780 in Karlsruhe, vier Schwestern, ein Bruder, früher Verlust des Vaters, armer

Adel, deutsche Dichterin und Philosophin, erfuhr an einem Juliabend des Jahres 1806 hier in Winkel, dass ihr Liebster, der Philologieprofessor Friedrich Creuzer, sie zu verlassen gedachte. Nach einer bedrohlichen Krankheit hatte er wohl einen Handel mit Gott machen wollen und beschlossen, bei seiner Frau zu bleiben. Karoline erfuhr davon, obwohl man ihr den Brief vorenthalten wollte. Sie hatte schon monatelang einen Dolch mit sich herumgeschleppt und sogar einen Arzt dazu gebracht, ihr zu zeigen, wie man einen Stich ins Herz richtig setzt. Ruhig und fröhlich, ungewohnt heiter sei sie an dem Abend gewesen, sagten die Freunde, habe reichlich gegessen und sei dann zum Rhein gegangen.

Leben und Werk derer, die man zur Romantik zählt, werden oft von ihrem Ende her analysiert. Peter Hacks' Sottise über die Romantiker, die fast alle nicht alt genug geworden seien, um vernünftig werden zu können, fällt einem unwillkürlich am Grab der Günderrode wieder ein. Sie wird in eine Zeit rabiater Umbrüche hineingeboren, betritt als junge Frau von zwanzig das neue, das neunzehnte Jahrhundert, sie will viel, und vieles will sie nicht. *Leichte Bande sind mir Ketten*, sagt sie. Sie will fremde Welten und Kulturen, sie will Philosophie und Dichtung, sie will Liebe. Die Voraussetzungen scheinen nicht gut. Aus Gründen, die wir nicht kennen, wird sie in einem Damenstift in Frankfurt untergebracht. Es gibt nur ein Porträt von ihr, im Profil, mit dunklen Locken, unbeteiligtem Blick und einer winzigen Ahnung von Doppelkinn. Die Nase hat einen kleinen Knick, die Spitze weist ein wenig nach oben, sie hat einen schönen, fülligen Mund. So müssen wir sie also nach dem Willen des anonymen Künstlers sehen, so ist ihr Bild, es wird sich nicht mehr verändern. Genauso wenig verändert sich, wie sie von ihren späten Verehrerinnen gesehen wird, die sie nur allzu bereitwillig in die unglückliche Reihe der Ikonen des Feminismus einordnen. Man hält sie für eine schöne Blume, die dem Vertrocknen mehr oder minder schutzlos ausgeliefert war. Mittellos in einem düsteren Zimmerchen hockend blieb der gescheiten jungen Frau gar nichts anderes übrig, als sich in poetische und philosophische Höhenflüge zu wagen. Oder in tragische Liebesgeschichten zu stürzen. In manchen Quellen wird angedeutet, dass schon ihre Unterbringung im Stift mit einer solchen zu tun gehabt hatte.

In Wahrheit hatte sie in ihrer Verbannung nicht nur ziemlich viel Platz, sondern auch eine gute Mitgift und Aussteuer. Es existieren Listen und Lieferscheine über *Champagner, Artischocken und Leberwurst* zu einem Fest. Auf ihrem Porträt ist nicht die dunkle Stiftsdamentracht zu sehen, sondern die hübsche, lockere Mode des Empire. Sie durfte Freunde sehen, reisen, wie es ihr gefiel, und doch war ihr das Leben ein Gefängnis, aus dem man nur nach oben, in höhere Gefilde, entweichen konnte. Als Dichterin gibt sie sich den Namen *Tian*. Die Vergänglichkeit ist ein immer wiederkehrendes Thema für sie, aber das ist bei allen jungen Dichtern so und bei den Dichterinnen auch. *So welkt ja alles, was jetzt blühet* und *Die Dinge blühen und vergehn*. Dennoch ist es bei ihr anders, schärfer. Sie, die doch Freundinnen, Freunde und Bewunderer hat, fühlt sich als Außenseiterin und, das spürt man beim Lesen ihrer Briefe, stellt Menschen immer wieder auf Proben. Ob sie in Winkel glücklich gewesen ist? Man braucht wegen der breiten Uferstraße Phantasie, um sich das Örtchen mit dem Strom verbunden wie früher vorzustellen. Das Winklige, Überschaubare und doch Heimliche, das viele Orte im Rheingau prägt, auf engstem Raum geführtes, aber oft auch verborgenes Leben – es hat ihr vielleicht gefallen, sie aber auch gequält.

Bevor ich ihr Grab besuchte, wollte ich etwas von ihr spüren, möglichst unmittelbar. Ich kannte ihre Briefe, vielleicht würden mir aber die Originale mehr über diese kluge, unzufriedene, phantasiegeplagte junge Frau verraten. Im Freien Deutschen Hochstift in Frankfurt habe ich sie anschauen dürfen. Wie gepresste vierblättrige Kleeblätter oder längst gestorbene Vergissmeinnicht liegen die schütteren Blättchen zwischen dem schützenden Papier. *A Mademoiselle Bettine Brentano, Marbourg*, teefarbenes Papier, das Siegel wie ein geisterhafter Lippenstiftfleck. Eine gleichzeitig drängende und bedrängte Schrift. Die Günderrode beginnt ihre Briefe unmittelbar oben am Papier, sie lässt auch an den Seiten keinen Rand, und man hat das Gefühl, die Buchstaben gingen am Ende des Bogens auf dem Tisch weiter. Je mehr sich ihr kurzes Leben seinem Ende nähert, umso heftiger und verzweifelter sieht das aus. Auch ihre Augenprobleme spielen dabei sicher eine Rolle. Als sei keine Zeit mehr für Formen und Gebräuche, streicht sie durch und macht unkenntlich, in einem Brief an den unseligen Creuzer scheint es, als müsste sich das grünliche Japanpapier unter all der Traurigkeit ausdehnen, um sie ganz einfangen zu können.

Den vorigen Sontag war ich den ganzen Tag allein zu Hause. Abends hatte ich etwas Brustschmerzen, u nicht nur daß ich sehr ruhig darüber, ich mögte fast sagen innig froh, ich dachte an alle mich umgebenden drückenden Verhältnisse. Eine schreckliche Liebe ist das. Creuzer ist verheiratet, mit einer zwölf Jahre älteren Frau, die an ihm festhält, und alle drei taumeln in einer völlig überdrehten Vorstellung einer *ménage à trois* herum. Der ganze Rheingau bebt, es ist eine Beurteilerei und Verurteilerei, ein Hin- und Herschreiben, ein Freundschaftenkündigen, Intrigieren und Intervenieren, dass es eine Art hat. Facebook kann nicht schlimmer sein als die gute Gesellschaft vor zweihundert Jahren an Rhein, Main und Neckar. Es geht nach ihrem Selbstmord, bei aller Fassungslosigkeit und echter Traurigkeit, nahtlos weiter mit Schuldzuweisungen, Verdächtigungen und Gerüchten. Meline Brentano schreibt am 1. August 1806 an Friedrich Carl von Savigny, eine frühere Liebe Karolines:

Es wurde 10-11-12 und sie kam noch immer nicht; da wurde es den Servieres bang, sie schickten Boten nach allen Seiten, und als man sie nirgends fand, vermuteten sie, Creuzer habe ihr ein Rendezvous gegeben und sie entführt. Man suchte sie in allen Orten, die ganze Nacht, und fand sie endlich, um 4 Uhr den Morgen am Rhein in einem Weidenbusch, mit einem Dolchstich das Herz durchbohrt, den Dolch neben ihr und in dem Schal einige Steine gebunden, wahrscheinlich um sich, wenn der Stich fehlte, in den Rhein zu stürzen. Man sagt, Creuzer habe plötzlich mit ihr gebrochen, doch wer weiß, was wahr ist?

Dass man den Toten nur Gutes nachsagen solle, wird von manchen ihrer Freundinnen souverän missachtet.

Lisette Nees von Esenbeck, der Karoline von Günderrode vieles anvertraut hatte, auch viel Unglück, schreibt über Karolines Briefe an die Freundin Susanne von der Heyden:

… ein scheinbar freies, heiteres Spiel, hinter dem ein grinsender Dämon lauert …

Darum sind ihre früheren Brief kalt, herzlos bei aller geistreichen Anmut, und die späteren rächen sich an den früheren durch gewaltsam hervorgetretene Empfindung.

Am Winkeler Grab, das so abseits von anderen Gräbern liegt, wie Karoline es wahrscheinlich für angemessen gehalten hätte, habe ich endlich den Text entziffert. Es gibt natürlich Abschriften, aber ich wollte es selber tun.

Noch einmal greift sie aus der Bedrängung ihres Lebens ganz nach oben, greift über die Menschen hinweg ins Große und letztlich Unverbindliche: *Die Erde ist ihr Mutter, das Feuer Freund und der Äther Vater.* Der Abschiedsgesang schließt:

LEBT WOHL DENN
BRUDER UND FREUND
VATER UND MUTTER
LEBT WOHL.

ANSTALT

Der Weg zum Kloster Eberbach, den ich gut kenne, führt an einer langen grauen Mauer vorbei. Dahinter liegt die Anstalt Eichberg. Aus Feigheit hatte ich mir die nicht anschauen wollen, ich dachte immer, es reiche, einigermaßen über die Naziverbrechen informiert zu sein. Aber das heißt gar nichts und es reicht auch nicht. Wenn man beginnt, nicht mehr hinter Abstraktionen und allgemeinem Abscheu Schutz zu suchen – was im Allgemeinen gut funktioniert –, wird einem klar, wie viel Arbeit noch zu tun ist, Einzelarbeit. Den Zahlen Bilder geben. Hinter der langen grauen Mauer liegen in einem Park schön verstreute Häuser, bei deren Anblick einem der Begriff Sanatorium in den Sinn kommt, so friedlich, so beschützend sehen sie aus. Seit 1815 existiert an diesem Platz alles, was während fast zweier Jahrhunderte ersonnen worden ist, um für geistig Behinderte einen geeigneten Ort zu schaffen und sie von der Gesellschaft zu trennen. Ich laufe durch die Parkanlagen und denke, dass fast jedes Wort unbrauchbar ist: Was heißt »geistig Behinderte«? Was meint »geeigneten Ort«? Was »Gesellschaft«? Was weiß ich eigentlich, außer dass ich schon seit langer Zeit versuche, über die Kunst der Geisteskranken einen Weg zu ihnen zu finden, mit meiner Ahnungslosigkeit umzugehen und etwas von ihren Innenwelten zu begreifen? Die Sammlung Prinzhorn, das monumentale Werk Adolf Wölflis, Friedrich Schröder-Sonnenstern, Maria Fumsgid, die ihre eindringlichen Bilder auf der Straße und in Kneipen verkaufte – sie alle haben mir immer wieder Neues beigebracht.

Die Herzoglich Nassauische Irrenanstalt von damals war wie ihre Nachfolgerin, die Heil- und Pflegeanstalt Eichberg, ein Versuch, Menschen zu helfen und mit ihnen umzugehen. Dass diese Versuche oft ziemlich grausig waren und Eisbäder und allerlei Zähmungsapparate uns heute einen Schrecken einjagen, heißt nicht, dass die Anwender ihren Schutzbefohlenen Böses antun wollten. Sie probierten aus. Sie hatten vor allem im neunzehnten Jahrhundert teils wahnwitzige Theorien und furchtbare Therapiemethoden, wer je ein medizinhistorisches Museum angeschaut hat, weiß, das galt nicht nur für die geistig-seelischen Krankheiten. Man hat die Arbeitskraft der Kranken ausgebeutet, oft gnadenlos, aber wie grausam, unnütz oder falsch das alles gewesen sein mag – der wirkliche Bruch mit allem Menschlichen kam später.

Die Vitos-Klinik, wie die Anstalt heute heißt, ist weitläufig, leicht zugänglich und durchaus nicht versteckt gelegen, wie es Irrenhäuser früher oft waren. Der Park ist gepflegt, Tulpen blühen, ein paar Menschen gehen spazieren. Die Geschichte des Umgangs mit Abweichungen welcher Art auch immer ist noch lange nicht zu Ende, aber man könnte an diesem sonnigen Tag den Eindruck gewinnen, sie sei auf einem menschenfreundlichen, zivilisierten Weg. Darum haben sich viele bemüht, auch hier, auf dem Eichberg. Die Beziehung von geistig Behinderten zur Kunst zum Beispiel ist schon vor bald hundert Jahren entdeckt worden, in den zwanziger Jahren des vergangenen Jahrhunderts gab es in Medizin und Psychiatrie viele Reformer, und es wurden nicht nur durch Freud Wege in die menschliche Seele gefunden, an die die strenggläubigen Naturwissenschaftler des neunzehnten Jahrhunderts nicht einmal dachten.

Mit dem Beginn des Nationalsozialismus war damit Schluss. Was alle Irrtümer, Ahnungslosigkeiten und Grausamkeiten vergangener Jahrhunderte auch mit hilflosen Männern, Frauen und Kindern angerichtet haben mochten – was jetzt kam, hatte es nie zuvor gegeben. Auf dem Eichberg wurde bereitwillig mitgeholfen, dem völkischen Reinheitswahn nicht entsprechende Menschen entweder zwangsweise unfruchtbar zu machen oder sie umzubringen.

Es ist wirklich eine Idylle. Mit Vogelkonzert und vorbeitrabenden Pferden, die Mauer hat nichts Unfreundliches, sondern etwas stolz Beschützendes, das Kloster Eberbach, aus dem einst die Anstalt hervorgegangen ist, liegt so nah, dass man denkt, man müsste die Musik während des Festivals im Sommer bis hierher hören können.

Es ist alles eng beisammen im Rheingau. Man muss von den Verbrechen auf dem Eichberg gewusst haben, in den lieblichen Orten ringsum, deren Türen der Dreikönigssegen ziert. Viele Leute aus der Gegend haben damals in der Anstalt gearbeitet.

In Walter Hells sehr informativem Buch über Nationalsozialismus und Entnazifizierung im Rheingau *Vom »Braunhemd« zum »Persilschein«* wird beschrieben, wie die ursprüngliche Schutzmauer des katholischen Glaubens zerbröckelte und wie die traditionell gemütlichen Menschen des Rheingaus, wo doch jeder jeden kannte, allmählich ins Mitmachen oder doch Dulden und vor allem ins Wegschauen und Nicht-wahrhaben-Wollen gerieten. Grade Hells detaillierter, farbig-nüchterner Bericht mit Zahlen und Fakten macht sie einem klar, die Topographie des Terrors auf rheingauerisch.

Einen Sonderfall unter den Rheingauer Ortsgruppen stellt die Ortsgruppe Eichberg-Eberbach dar, die am 1. April 1939 aus der Ortsgruppe Erbach hervorgegangen war. Leiter der Ortsgruppe war in Personalunion der jeweilige ärztliche Direktor der Heil- und Pflegeanstalt Eichberg.

In Hells Anmerkungen heißt es weiter, dass bald darauf die Errichtung einer eigenen Ortsgruppe auf dem Eichberg gestattet worden sei, *um die Angestellten jederzeit zu einer Mitgliederversammlung heranziehen zu können.*

Wir gehen einem Wegweiser nach, der zur Kapelle führt. Irgendwo da muss das Mahnmal sein. Mit Mahnmalen hatte ich schon immer ein Problem, sie verdecken oder verkitschen oft die, an die erinnert werden soll. Nur die Stolpersteine finde ich richtig, weil sie Namen tragen. Eigentlich müsste der hübsche Park hier von Stolpersteinen übersät sein.

Ab 1939 war Dr. Friedrich Mennecke ärztlicher

Direktor auf dem Eichberg. Hauptsturmführer SS und Mitglied des *Lebensborn e.V.*, der *Ausmerze-Propagandist*. Er hat sich als sogenannter Gutachter hervorgetan, entschied bei Tausenden von Menschen gemäß der sogenannten Aktion T4 nach Fragebogen, ob sie leben durften oder umgebracht würden. Mehr als 2500 Kranke hat er in den Tod geschickt. 1946 wurde er selber zum Tode verurteilt, einer der wenigen Täter aus der NS-Ärzteschaft, die zur Rechenschaft gezogen wurden.

Es war und ist ein langer, zäher Kampf, die wahre Haltung der deutschen Ärzte zum Nationalsozialismus ans Licht zu bringen. Der Schriftsteller und Publizist Ernst Klee hat dieser Arbeit Jahrzehnte seines Lebens gewidmet, ihm ist vor allem zu verdanken, dass der Stein umgedreht worden ist und seine grauenhafte Unterseite zeigte. Vor Jahrzehnten habe ich einmal zu ihm gesagt, er könne doch mit diesem seinem Lebensthema im Leben nie mehr glücklich sein. Das war naiv von mir. Es holt einen, so oder so, immer wieder ein.

Jener Dr. Walter Schmidt, der im Januar 1943 Mennecke als Anstaltsleiter nachfolgte, war schon seit 1941 auf dem Eichberg und hatte dort etwas eingerichtet, das »Kinderfachabteilung« hieß. Dort wurden Hunderte von Kindern durch Gift und später durch Verhungernlassen getötet. Während der Zeit unterhielt Schmidt auch eine Arztpraxis in Hattenheim. Er wurde nach dem Krieg zunächst zu lebenslänglicher Haft verurteilt, aber schon 1953 wieder entlassen. Die Bevölkerung hatte sich energisch für ihren beliebten Arzt eingesetzt.

Die Kapelle auf dem Eichberg ist in einem etwas düsteren, neugotisch-orientalischen Stil gehalten. Sie ist im Jahr 1878 gebaut worden und hat moderne Glasfenster. Die müsste man von innen anschauen, aber das geht nicht, die Kapelle ist verschlossen. Eine kleine Gedenktafel ist an der Wand angebracht, seit 1988. Seit 1988? Über vierzig Jahre lang kein Zeichen? Ich erinnere mich an eine Fernsehsendung, die zeigte eine hartgesichtige alte Frau auf einer Bank, hier in der Nähe. Sie war Krankenschwester in der »Kinderfachabteilung« gewesen, nach dem Krieg zu ein paar Jahren Zuchthaus verurteilt worden und dann wieder nach Hause gekommen. Nun verbrachte sie in ihrer Heimat nahe der Stätte ihres Wirkens ihren Lebensabend.

Der Gedenkstein für die toten Kinder liegt der Kapelle gegenüber. Er ist weiß, etwa sarggroß, der Text ist schwer zu lesen. Ich betrachte den gemeißelten Teddy, das steinerne Suppentellerchen mit Löffel und das Spielzeugpferd. Bis 1993 haben sie gebraucht, um das hier zustande zu bringen. Sonderlich frequentiert sieht sie nicht aus, diese Kindertotengedenkstätte, die so seltsam aus den Elementen einer normalen Kindheit zusammengesetzt ist, Essen und Spielzeug. Nicht einmal ein vertrockneter Blumenstrauß liegt da, das Ganze ist einfach eine Verlegenheitslösung, zu spät, zu leise, zu uninspiriert, zu klein. Immer wieder gerate ich an Gedenkstätten mit mir selber in Zwiespalt. Es gibt Orte wie Auschwitz, an denen muss überhaupt nichts erklärt werden, da ist alles spürbar, das ganze Grauen, dem keiner ausweichen kann. Der Eichberg aber bleibt stumm und schön, wenn man ihn nicht zum Reden bringt. Wir kommen über die vielen Jahre, die bis zu diesem verschämten Gedenken vergehen mussten, gar nicht weg.

Der Anfang der Irrenpflege im Herzogtum vor zweihundert Jahren galt als humaner Aufbruch, das Licht der Aufklärung war bis in die Provinzen gedrungen und man tat, was man in seiner Zeit für richtig hielt. Was dann zwischen 1933 und 1945 hier gemacht wurde, können die, die es machten, nicht für richtig gehalten haben. Sie wussten: Es ist das Böse. Und die ihnen zugeschaut haben, wussten das auch. Davon lasse ich mich nicht abbringen.

Ich habe nach so vielen schönen und kultivierten Tagen und Abenden im Kloster Eberbach endlich einmal hinter die lange graue Mauer schauen wollen, die einen auf dem Weg dorthin begleitet. Nicht das, was in der großzügig wirkenden Anlage heute geschieht, wollte ich sehen. Das begreift man bei einem Besuch sowieso nicht, da muss man Patient oder Arzt oder mindestens Angehöriger sein, und selbst für die ist es schwierig, ein Gefüge wie eine Klinik dieser Art zu durchschauen oder gar zu werten.

Ich wollte nur wissen, ob die ermordeten Kinder eine Stimme bekommen haben. Aber das haben sie nicht. Das geht vielleicht auch gar nicht. Trotzdem wird nichts sie zum Schweigen bringen können.

SPUKHAUS

Bei Hallgarten geht's weg vom Rhein. Wir wollen die Hallgartener Zange anschauen, ohne recht zu wissen, warum. Vielleicht, weil der Name so seltsam klingt. Es ist ein Berg, so viel wissen wir. Unser Weg führt durch Weingärten, die Reben stehen wie Soldaten, Weinbergpfirsichbäumchen blühen zittrig in der Kälte. Wir erreichen ein Villengebiet und kommen aus dem Staunen gar nicht mehr raus. Verwegene Eigenheimträume sind da Wirklichkeit geworden, alle Sorten nebeneinander. Ein Rheingauer Malibu! Schmiedeeiserne Superzäune und -tore, Baumarktsäulen, Rundbänke und Aphroditen, weiß wie Schnee. Daneben futuristische Glaskuben, wieder ein Stückchen weiter wirklich schöne, klassisch-moderne Holzhäuser. *Siedlung Rebhang* heißt dieser Ort, entnehme ich dem Schild an der Bushaltestelle, und er sieht aus, als hätte eine Fee gesagt: Kommt her ihr alle, eure Wohnwünsche sollen Wirklichkeit werden, egal, wie das dann nebeneinander aussieht! Mir gefällt es, es hat was Trotziges und irgendwie Geheimnisvolles. Und weil der Müll nicht, wie man es sonst aus solchen Ansiedlungen kennt, in sorgfältig begrünten Tonnenhäuschen wohnt, sondern einfach in gelben Plastikbeuteln vor den Gartentoren liegt, kriegt das Ganze etwas geradezu Sizilianisches. Kein Haus tut es unter vier Garagen.

Wir hatten einen Wegweiser zur Hallgartener Zange gesehen, aber in der versteckten Luxusansiedlung sind wir plötzlich orientierungslos und sehen nur noch FDP-Wahlplakate. Wir müssen hinauf, in den Wald, beschließen wir, und das machen wir dann auch. Wie schön die Wälder des Taunus sind, vergisst man viel zu leicht. Was brauchen wir Schwarzwald, Bayerischen Wald, Odenwald oder sonst einen: Dieser, vor der Haustür, erfüllt alle Wünsche, alle Märchenvorstellungen aus Kindertagen, wahrscheinlich gibt's auch Fliegenpilze, auf deren Hut eine sprechende Schnecke sitzt. Der schmale, asphaltierte Weg windet sich bergan, zwischen Lärchen, Birken, Fichten und Tannen hindurch, Sonnenflecken auf dickem Moos und Heidelbeerkraut. Wir kommen zu einem Platz, auf dem etwas Verblüffendes zu sehen ist: Zwischen all den hohen Tannen steht ein einzelnes kleines Tännlein, sorgfältig von Gittern geschützt, es sieht nicht anders aus als ein Supermarkt-Christbaum, etwa kindshoch. Eins von den unvermeidlichen geschnitzten Holzschildern weist es als *Bürgermeister-Kreis-Tanne* aus. Nach einigem Suchen finden wir noch ein Schild, aus dem hervorgeht, warum dieses arme kleine Tännlein unter seinen Artgenossen auserwählt ist und welche Bedeutung auf seinen schwachen Zweigen lastet.

Dieser Parkplatz wurde nach der Kreistanne benannt, einem Baum, der an diesem Parkplatz stand, aber leider nicht mehr existiert …

Wem da nicht ganz dadaistisch im Kopf wird, dem ist nicht zu helfen. Der Text geht weiter, in großer Ernsthaftigkeit wird da vom Bürgermeister Jakob Kreis berichtet, der von 1881 bis 1908 die Geschicke der Gemeinde Hallgarten offenbar erfolgreich gelenkt hatte. Wem seine ursprüngliche Tanne zum Opfer gefallen ist, wann das geschah und warum man nicht einfach eine der Riesentannen ringsum feierlich zur *Kreistanne* ernannt hat, erfahren wir leider nicht. Man sieht hier buchstäblich den Wald vor lauter Bäumen nicht, aber da steht nun hinter Gittern seit 2008 ein Tännlein im Walde und trägt einen großen Namen. Das ist wieder so eine Rheingaugeschichte, eine ganze Welt im Winzigen, das können sie hier besonders gut. Lauter Miniaturuniversen, es ist ein fruchtbarer Boden für Individualisten. Aber wo geht's jetzt wirklich zur Zange?

Durch die pseudokalifornische Siedlung fahren wir wieder zurück. An einem Wingert sehen wir einen freundlich wirkenden Mann mit Hund, den wir fragen. Das Thema Zange gefällt ihm offenbar, und er erklärt uns, dass wir schon fast dagewesen seien. Also wieder rauf in den Wald, und dann anders abbiegen! Die Gastronomie sei ja nun schon lang kaputt, da oben. Es stehe da nur noch so rum. Es? Na, das große Gebäude. Was man da nicht alles hätte draus machen können! Aber so sei es hier nun mal, die Rheingauer wollten nichts machen, obwohl sie eigentlich alles hätten. Er seinerseits sei ja Saarländer.

Ob es da besser laufe?, frage ich ihn. Er denkt nach.

Aa nit sooo, sagt er.

Wir nehmen diesmal den richtigen Weg und landen

auf der Zange, mitten im Wald, vor einem Gebäude, das viele verschiedene Assoziationen gleichzeitig weckt. Sie sind allesamt nicht heiter. Trutzburg, Gefechtsstand, Nazistil, ein graues, großes, dem Verfall preisgegebenes martialisches Gebäude. Es hat einen Turm mit Außentreppe, einen Hof, den jetzt Baugitter schützen, ein paar merkwürdig gefängnishafte Anbauten und eine zusammengebrochene Terrasse, steht aber in einer wunderbaren Umgebung, die offenbar nur wenige Menschen anzieht. Wir sind jedenfalls allein und begegnen außer einem einsamen Wanderer niemandem. Obwohl das Bauwerk, wie wir später herausfinden, eine friedliche Geschichte hat – es ist der steinerne Nachfolger eines hölzernen Aussichtsturms gewesen, von dem aus man seit seiner Einweihung im Jahre 1909 übers Land bis nach Frankfurt hat schauen können –, strahlt es etwas Gewalttätiges und Düsteres aus.

Bis über die Jahrtausendwende hinaus stand der graue Bau unter Denkmalschutz, jetzt nicht mehr. Wie es aussieht, hat man eine Menge Geld dafür ausgegeben, ihm eine zeitgemäße Nutzung aufzuzwingen, Restaurant, Hotel, Appartements. Man kann das an seinem Äußeren ablesen, gleichzeitig aber auch, dass sich das Gebäude gegen jede Heiterkeit zur Wehr setzt. Das Gefechtsstandhafte, die Gefängnisanmutung ist überwältigend. Längst hat sich das Gebäude seiner Terrasse entledigt, als habe es die Leichtfertigkeit abgeschüttelt. Unter einer umgestürzten vertrockneten Tanne liegt ein Kühlschrank auf Rollen, wahrscheinlich hat er mal Torten beherbergt.

Ein mächtiges Fass hat seine Dauben gesprengt und steht auf dem Terrassenschutt wie ein trauriges Denkmal. Wie immer in solchen Fällen menschlichen Aufgegebenhabens macht sich die Natur gnädig über die Reste her und deckt sie allmählich zu. Hier aber nur an den Rändern. Der graue Turm steht da wie für die Ewigkeit. Unvorstellbar, dass die, die vierundzwanzig Jahre nach seiner Einweihung ans Ruder kamen und sich so ziemlich alle Jugendbewegungen und Naturliebhaber ohne deren Widerstand hatten einverleiben können, dieses Gebäude nicht für sich entdeckt haben sollen. Als ich es zum ersten Mal sah, war ich vollkommen sicher, dass es in den dreißiger Jahren und für völkische Zwecke gebaut worden war, auf einer Anhöhe, mitten im wunderschönen deutschen Wald. Das ist er hier wirklich, so still und romantisch und moosbedeckt, wie nur ein Dichter ihn hätte beschreiben können. Blaue Blumen gibt es auch, Männertreu und Veilchen. Unter denen halb verborgen finde ich zwei Grabsteine, sie liegen übereinandergesunken da. Man kann keine Namen mehr lesen. Aber sie scheinen älter zu sein als das Gebäude und verstärken das vielfältige kleine Gruseln, das wir hier empfinden. Auch der bekennende Pragmatiker neben mir ist still geworden. Es sollten nicht die einzigen Gräber bleiben, die wir in diesem Zauberwald fanden.

Ein Stück den Berg hinunter liegt zwischen Gestrüpp und jungen Bäumen ein Fliegerdenkmal, aber die Assoziation Zweiter Weltkrieg und Nazihelden stimmt schon wieder nicht. Jedenfalls steht auf dem Stein nicht

Heldentod, sondern *Fliegertod*. Der knapp vierzigjährige Franz Kneer ist mit einer Postmaschine vom Typ Junkers am 25. April 1935 hier abgestürzt und noch am Ort gestorben. Sein Maschinist Franz Pfeil und der Funker Kurt Heinicke erlagen ein paar Tage später ihren Verletzungen. An sie erinnert das Denkmal im Wald. Der Pilot Franz Kneer hat offenbar ein bewegtes und spannendes Fliegerleben geführt, das ihn nach Spanien, Frankreich und Russland, sogar bis nach Afghanistan gebracht hatte. Hier kann man der drei Männer gedenken, wenn überhaupt noch jemand am Leben ist, der das tun will. Ich gehe noch einmal zum Gebäude zurück und versuche, durch die kleinen Fenster einen Blick ins Innere zu werfen. Weiße Kacheln sind zu sehen, Wasserhähne, eigentlich nichts Bedrohliches, und doch habe ich selten einen so unfrohen, düsteren Ort in so märchenhafter Umgebung gesehen.

Warum heißt nun die Zange Zange? Da stoßen wir auch wieder auf ein Märchen, oder eine Sage, und auch sie ist eher bedrückend. Ein Schmied soll für den Teufel ein Pferd beschlagen und dafür eine Zange bekommen haben, mit deren Hilfe er alles in Gold verwandeln konnte. Nur wissen wir schon vom alten König Midas, dass das nicht gut gehen kann, und so soll es auch bei dem unglücklichen Schmied gewesen sein. Er stürzte sich vom Felsen, und als man die ominöse Zange bei der zerschmetterten Leiche fand, hatte sie ihre Fähigkeit verloren. Das ist eine letztlich unbefriedigende Geschichte, nichts mit *und wenn sie nicht gestorben sind, dann leben sie noch heute*, und auch kein seliges Ende. Warum die meisten Menschen in den Sagen übers Ohr gehauen werden, obwohl sie gar nichts Böses getan haben, sich höchstens ein besseres Leben wünschen und dabei ungeschickt zu Werke gehen, weiß ich nicht.

Ob sich jemals wieder ein Investor dieser standhaften Ruine annehmen wird? Der herrliche Wald ist Teil der ausgewiesenen Wanderwege, es gäbe nicht viel gastronomische Konkurrenz in unmittelbarer Nähe, die Aussicht bis hinüber zu den Frankfurter Hochhäusern wäre gewiss spektakulär. Aber die Aura des Turms, wenn man sich erlaubt, ein bisschen rheinsagenhaft zu denken, ist spürbar feindselig. Kein Dornröschenschloss, sondern ein Bollwerk, eine leere Festung. Wenn sie denn wirklich leer ist. Man hört keine Vögel ringsum, das ist ein ganz schlechtes Zeichen.

Um die Spukgedanken zu verscheuchen, gehen wir in den Grünen Baum in Oestrich. Der ist ein wirksames Mittel gegen alle Düsternis, eine richtige Wohnzimmerkneipe, gut besucht und unaufwendig gemütlich. Die Auswahl auf der Karte ist vielversprechend, und die Maultaschen, für die wir uns beide entscheiden, obwohl sie nicht ganz in den Rheingau passen, sind ein Gedicht. Der Wirt sagt von seinem Riesling: Den Wein können Sie nehmen. Den trinken wir selber.

Wiesbaden hat ein Geheimnis, eine Art innerer Zeitlupe, die macht, dass alles etwas langsamer ist als anderswo. Vielleicht liegt es daran, dass man die Stadt, den Regierungssitz des Landes Hessen immerhin, nicht gut erreichen kann. Weder mit dem Zug noch mit dem Auto noch mit der Bahn, die Stadt ziert sich und zwingt ihre Besucher zu Umwegen, es gibt einen Hauptbahnhof, aber der sieht wie die Kulisse für einen längst abgedrehten Film aus und wird nur selten durch Züge aufgescheucht. Wenn man die Hauptstadt irgendwie doch erreicht hat, egal aus welcher Richtung, verzögern sich unwillkürlich die Schritte. Vögel fliegen langsamer als anderswo, sogar die Schlittschuhläufer auf der kleinen, vorweihnachtlichen Eisbahn am Kurhaus laufen wie im Traum. Liegt es am veränderten Blick, dass es einem so vorkommt? In Wiesbaden scheint alles schon vor langer Zeit geschehen zu sein, die Stadt ist wie eine hübsche Kommode mit verschlossenen Schubladen. Das lässt, seit ich denken kann, die Wiesbadener Regenten nicht ruhen. Provinz! Den Begriff gilt es abzuschütteln, egal, was dabei mit wegfliegt.

Der Wiesbadener Landtag ist schon seit vielen Regierungsperioden für seine Ruppigkeit und rüden Manieren bekannt. Vielleicht versuchen sich die Abgeordneten, egal welcher politischen Richtung sie angehören, auf diese Weise aus der Wattigkeit ihrer Umgebung zu befreien. Im Fernsehen wirken sie bei ihren Debatten oft so hilflos laut und zappelig, als steckten sie in einer Art Sumpf, als fürchteten sie, ihr feines Landtagsgebäude würde jeden Moment vom feuchten Untergrund verschluckt. Wenn man in Wiesbaden ganz harmlos ein Loch bohrt, schießt nicht selten eine Fontäne gen Himmel und lässt sich nur mühsam wieder bändigen. Wiesbaden ruht halb träumend auf einem Wasserbett. Immer wieder, seit Jahrzehnten schon, lassen sich Entscheidungsträger dazu hinreißen, ihrer Stadt einen Modernisierungstritt zu verpassen. Das geht oft, nein, eigentlich immer schief. Planungswahnsinn, teilweise Rettung davor in letzter Minute – ein architektonischer Wüterich wollte in den Sechzigern jegliche Wiesbadener Identität auslöschen – und dann doch immer wieder: die Moderne! Man ist doch kein Museum! Die Moderne steht dann klobig in der Stadt herum und wird alt, so wie die berühmte Rhein-Main-Halle, in der vor Urzeiten der Glamour der goldenen Sechziger und Siebziger zu Hause war. Kulenkampff! Die großen Samstagabende! So war Wiesbaden! So war es schon damals nicht, und hässlich war die Rhein-Main-Halle immer, aber nichts wirkt armseliger als in die Jahre gekommene architektonische Avantgarde. Sie altert nicht, sie vergammelt. Jetzt diskutieren alle, was man mit ihr anstellen soll. Sieht ganz so aus, als ob sie nicht mehr geliftet, sondern kurzerhand abgeschafft wird.

Für hübsches, würdevolles Altern bietet die Stadt andere Beispiele. Der Historismus, hauptsächlicher Baustil der Stadt, heißt ja deswegen so, weil die Häuser älter tun, als sie sind. Jetzt ist das künstliche Alter von einst längst echt alt, und das sieht ganz gut aus. Jugendlicher jedenfalls als die alte Moderne.

Mitte der Achtziger des letzten Jahrhunderts erschien ein schmales gelbes Bändchen, *Die fortgeführte Verschönerung von Wiesbaden*, auf dem Cover sind die beiden ersten Worte ganz klein gedruckt und die drei nächsten bedrohlich groß. Der Autor, Michael von Poser, nannte das ganze ein *Pandämonium*. Seine niedergeschriebene Verzweiflung war echt, wortgewaltig und wirkt ein Vierteljahrhundert später noch immer aktuell. Zwar erinnert man sich nicht mehr an die Namen von Politikern und Baufirmen, das ist auch nicht wichtig. Frisch geblieben ist der Konflikt, die ewige Schlacht zwischen Tradition und Moderne, wobei beide Begriffe nicht greifen. Tradition heißt ja nicht Unbeweglichkeit, und Moderne müsste eigentlich nicht ästhetische Zumutung oder Vernichtung des Liebgewordenen bedeuten.

Wiesbaden hat ein Kurhaus, ein Theater, ein Spielcasino und einen Kurpark. Das alles zusammen ist ein schönes, nicht unbedrohtes Ensemble, wie viele solcher Bäderidyllen ein anmutiges Bühnenbild, in das die Darsteller von heute nicht recht passen wollen. Das längst abgespielte Stück hieß *Müßiggang*, zur Kur mit Kurzweil ging ja nicht die arbeitende Klasse, sondern die, die es sich leisten konnten und bei denen man nicht recht wusste, wovon sie sich eigentlich erholen mussten.

Der Park könnte das Jenseits der Stadt in ihr selbst sein, aber immer mehr wird in ihm erlaubt, was in ihr erlaubt ist, die Drachenbrut lagert sich an den Weiher, der Sportsmensch schwingt seinen unaparten Hintern über den Rasen, das Heer der Pensionäre, der Zahnarztwitwen, deren Einzelbesuch so zweckentsprechend wäre, löst im Schichtdienst die Sportler ab, damit es keine Pause gibt, damit sich nicht die Vorstellung des Garten Eden durchsetzt.

Wenn man in Posers kluger Klage eine gewisse Misanthropie zu spüren glaubt, ist das sicher nicht falsch. Und da hatten sie noch nicht die alten Platanen auf dem Theaterplatz umgehackt und aus dem einst wunderbaren Bowling Green wegen einer Tiefgarage einen sterilen Platz gemacht!

Dass Welten und Zeiten nicht schmerzlos ineinander übergehen können, dass damit immer Brachialität einhergehen muss, habe ich nie verstanden. Grade in etwas traumverlorenen Mittelstädten, wie Wiesbaden eine ist, von Hügeln umgeben, mit einem so milden Klima, dass sogar Esskastanien und Feigen gut gedeihen, und dem Ruf, völlig undramatisch zu sein, fällt das besonders auf. Diese Fußgängerzone!

Ach, Fußgängerzonen, wo immer wir sie finden, sind ein trübes Erbe der siebziger Jahre. Vielleicht, weil die autofreien Tage der Ölkrise wunderbarerweise aus dem ganzen Land samt seinen Autobahnen eine einzige Fußgängerzone gemacht hatten, wollte man den Städten ein Stückchen Idylle reimplantieren, keine Autos, nur Läden, sogenannte Urbanität sollte da entstehen. Anderswo hat man angesichts der fußgängerzonentypischen Ramschflut das Ganze wieder zurückverwandelt, in Wiesbaden ist sie geblieben, die steinerne Billigladenmeile. Ein heruntergekommener ehemaliger Starreporter schreit vor einem Möbelhaus Sonderangebote in die Welt. Eine Frau mit drei weißen Hündchen führt Kunststücke vor. Ein viertes Hündchen liegt auf einem Kissen und schaut zu.

Das ist die Mama, sagt die Frau.

Sie verdient offensichtlich gut, die Wiesbadener sind freundlich. Und in einem Restaurant am Kochbrunnen sieht man: Die Wiesbadenerinnen sind sehr chic, jedenfalls an diesem Mittag, bei herbstlicher Sonne, die die Camparigläser rot leuchten lässt. Sie sind wesentlich besser angezogen als ihre Landsmänninnen aus dem nahen Frankfurt. Kunststück, sie haben hier, natürlich außerhalb der Fußgängerzone, die besseren Läden.

Auf dem Neroberg flanierend, angesichts der Russischen Kirche mit ihren goldenen Kuppeln, kann man die Fußgängerzone für eine angenehme Zeit vergessen. Natürlich gibt es auch hier Stirnrunzelanlässe, der Kletterpark rangiert jedenfalls im Internet als Attraktion weit vor der schönen Russenkirche.

Provinz. Was ist daran so schlimm? Provinz erlaubt prachtvolle Langeweile und unaufgeregte Entdeckungen. Der Versuch, Wiesbaden ein grelleres Auftreten, ein schnelleres Leben aufzuzwingen, ist schon oft gescheitert und wird es immer wieder tun. Nur geht dadurch jedes Mal etwas verloren.

Vor einem Vierteljahrhundert schrieb Michael von Poser:

... und da sitzt ein Verbissener und summt die ganze Zeit seinen Trauergesang von der Stadt Wiesbaden. Gibt der Ort denn soviel her, vielleicht noch Stoff für weitere fünfzehn Jahre? Die Aussicht ist in mehrfacher Hinsicht erschreckend, es handelt sich doch nicht um Palmyra und die Königin Zenobia, sondern um eine etwas groß geratene Provinzstadt und ein farbloses Beamtentum. Hier wohnt, wer aus seinem Leben nicht mehr machen will als Ruhestand, ein ewiges Konzertpublikum. Beamte, die ein Leben lang am Lebendigen gefrevelt haben, finden hier ihren Frieden, oder sie würden ihn gerne finden, aber ihre Kollegen, die noch nicht pensioniert sind, die machen Zores. Wer noch was werden will, der flieht, doch den Zurückgebliebenen wird die Gnade stiller Abgeschiedenheit verweigert. Selbst auf den Friedhöfen muß was los sein.

Wohlgemerkt: Als Poser das schrieb, schaut er auf fünfzehn Jahre bewegter Klage zurück, und das ist ein Vierteljahrhundert her, die Zeit ist ein sonderbar Ding! Wie ein bittersüßes Happy End wirkt es, dass derselbe poetisch Klagende heute als Fraktionsvorsitzender der Bürgerliste Wiesbaden im Bürgerbeirat der Stadt sitzt. Wer die Provinz liebt *wie eine Mutter* hört eben nicht auf, ihr helfen zu wollen.

Als ich ein Kind war, lebte ich eine Zeit lang dort. Mein Vater war ans Staatstheater Wiesbaden engagiert worden. Ich machte die Aufnahmeprüfung fürs Gymnasium, sah Tarzanfilme, lernte von den Amerikanerkindern meine ersten englischen Brocken, verbrachte endlose Sommernachmittage im Opelbad, rauchte die erste Zigarette und sah die erste Fernsehsendung meines Lebens. Meinetwegen hätte alles so bleiben können, aber es hieß, die Stadt sei nur ein »Sprungbrett«, und so zogen wir nach einem guten Jahr wieder weg. Nach Frankfurt. Da war dann die große Welt. Ich glaube, diese Nachbarschaft ist für die Wiesbadener immer noch problematisch.

Andererseits ist es tröstlich zu sehen, dass es bisher selbst der ruppigsten sogenannten Erschließung, so heißt das Ausfüllen jeglicher landschaftlicher Lieblichkeit zwischen Frankfurt und Wiesbaden mit Gewerbe aller Art, Teppichwelt und Bäderwelt und Haustierwelt, nicht gelungen ist, einen einzigen Kommerzbrei aus beiden Städten zu machen. Die architektonischen Schrecknisse säumen zwar den Weg von der einen in die andere. Dieser Weg wird auf ewig Baustelle sein, vielleicht ist er gar nicht wirklich gewollt?

Es sagt sich so dahin, klingt verwaltungstechnisch und abschließend: Rheinmaingebiet. Es ist aber eine Chimäre, ein Konstrukt, ein politischer Sprachgebrauch: eben nicht ein großes, endgültig ineinandergemischtes Ganzes, dieses Rheinmaingebiet. Manche sagen, die Grenze zwischen beiden Städten läge genau bei IKEA.

Frankfurt hetzt und zappelt und pumpt sich mächtig auf, aber regiert wird es von einer etwas angekratzten, müden Schönen auf einem Wasserbett.

WEINWELT

Ab Wiesbaden verändert sich heute das Licht. Vorher lag eine graue Winterdecke am Himmel, jetzt, bei Biebrich, hebt sie sich allmählich und lässt etwas Silbernes drunter, es sieht wahrhaftig aus wie das, was sich so oft über der Lagune von Venedig wölbt.

Guck mal, ein Licht wie in Venedig, sagt Holger.

Wir fahren zu Besuch auf ein Weingut, er will mir einen Winzer zeigen, der eigentlich keiner ist. Holger ist ein großer Rheingaukenner, jede gute Kneipe, jede Reblage, jede Gräfin und jeder Skandal scheinen ihm vertraut zu sein. Er fährt oft mit seinem Boot den Rhein rauf und runter, grübelt über gute Liegeplätze und Bootsclubs nach und hat eine Menge Filme über den Rheingau gemacht.

Zurzeit führt der Rhein noch Hochwasser. Es hat zwar schon länger nicht geregnet, aber der Winter war schneereich. Viele Baumreihen sind von Wasser umgeben, Enten und Schwäne schwimmen dazwischen spazieren wie in Alleen. Der Rheingau döst vor sich hin. Holger macht mich auf Häuser aufmerksam, die nicht mehr aufwachen werden. Ich stelle mir vor, dass irgendwo in Düsseldorf oder Australien der Träger oder die Trägerin eines alten Rheingauer Namens sitzt und versucht, das Erbe zu verdrängen. Oder loszuwerden. Man kann für zehntausend Euro ein Haus kaufen, dafür kriegt man in Frankfurt keine vier Quadratmeter. Unendlich sind die Geschichten über Erbschaften und Verkäufe, Teilungen und Zerwürfnisse, Abstürze und Rettungen in letzter Sekunde, die den Wein und seine Beherrscher begleiten. Sie sind bunter und giftiger als alles, was diesem Landstrich in Fernsehserien oder Romanen angedichtet wird. Der Wein selber ist ja reine Literatur, nichts als Behauptung, wenn man's genau nimmt. Zwischen Großmarktplörre und Spitzengewächs, zwischen Schraubverschluss und Zelebrierung, zwischen Obdachlosenasyl und Vorstandsvorsitzendenvilla ist er daheim, und dass sie Kenner seien, behaupten alle, unter ganz verschiedenen Vorzeichen. Die einen können stundenlang über Pfirsich- und grüne Holznoten, kräftige Körper und samtweiche Finale schwadronieren, kaum eine Prosa kommt so wortreich daher wie die Weinprosa, in ihr kann man sich ungestraft austoben. Stuart Pigott, ein Meister dieses Fachs, schwärmt von Aromen von *Mirabellen mit Rosinenhefezopf* oder *reifen Quitten und Butterscotch*. Was das wohl sein mag, Butterscotch? Es lassen sich lange und völlig folgenlose Dialoge führen und ganze Abendgesellschaften werfen sich für Stunden in die Weinmetaphorik. Ein kultivierter Trinker, der *ungeputztes Silber* zu schmecken meint, wird sich von einer kenntnisreichen Trinkerin, die für *mit Bitterschokolade gefülltes Zigarrenkistchen* plädiert, nicht überzeugen lassen. Die andere Art von Konsumenten würde, wenn man sie nach ihrem Wein fragte, höchstens sagen: Der knallt gut. Beweisbar oder nachvollziehbar ist beides für Unbeteiligte nicht. Deswegen ist die Sache mit dem Wein und den Wörtern immer wieder eine spannende, aber letztlich unbefriedigende Geschichte.

Die Zeiten der ungezügelten Massenproduktion seien vorbei, wird behauptet. Es gebe wieder Klasse. Das geht immer rauf und runter, Weinnamen machen Entwicklungen durch, von der großelterlichen Erinnerung an edle Vorkriegsfeste bis zur Freimarke im Supermarkt. Mit dem Sekt, für den der Rheingau sehr berühmt war, ist es genauso.

Schon Thomas Manns Felix Krull beschreibt sich als Spross einer untergegangenen Sektkellerei, auf seine Heimat am Rhein ist er aber stolz:

Der Rheingau hat mich hervorgebracht, jener begünstigte Landstrich, welcher, gelinde und ohne Schroffheit sowohl in Hinsicht auf die Witterungsverhältnisse wie auf die Bodenbeschaffenheit reich mit Städten und Ortschaften besetzt und fröhlich bevölkert, wohl zu den lieblichsten der bewohnten Erde gehört.

Wein und Sekt sind Moden und wirtschaftlichen Entwicklungen unterworfen. Das ist nicht so einfach, wie es klingt. Vorlieben ändern sich, was chic war, wird unversehens spießig. Der gute Ruf einer Lage, einer Marke scheint unangefochten, dann wird er unter Kommerz und Massenproduktion begraben, dann wieder befreit und restauriert, wie man einen verlassenen Weinberg von Gestrüpp befreit und restauriert.

Ich sitze auf Schätzen und weiß sie wohl zu hüten, sagt

der Winzer, der keiner ist. Wir sind auf einem ordentlich aufgeräumten, schönen Weingut in Oestrich, dem man ansieht, dass es Tradition hat. Wir gehen hinein, drin ist es so verwinkelt, wie ich es aus meiner Kindheit kenne, Treppchen rauf, wieder runter, aneinandergereihte Räume, zwischen denen die Türen offenstehen, damit Fanny Schlittschuh laufen kann. Fanny ist ein junger Hund, und wer je einen solchen auf Parkett gesehen hat, weiß, was ich meine. An der Wand hängt ein Foto von der englischen Königin, sie erhebt ein Glas.

Sehen Sie, wie sie es hält, sagt der Chef des Weinguts und lacht. Als hätte sie einen Krug in der Hand.

Er ist groß und sorgfältig rustikal angezogen, und er erzählt überraschende Geschichten. Er hat in das Weingut eingeheiratet, kam aus der Großindustrie und sagt, das Weingut sei nur ein Satellit von dreien gewesen, drei Weingüter, in der Pfalz, an der Mosel und eben hier im Rheingau, die um die große Mutter Deinhard kreisten. Die berühmte Sektkellerei wurde verkauft, an Henkell in Wiesbaden. Die drei Satelliten blieben übrig und in der Familie Wegeler. Damals, gegen Ende der Neunziger, war der Markt durchgeschüttelt worden, es gab Preiskriege, veränderte Trinkmoden, kurz das, was man Zeichen der Zeit nennt. 1998 ist der Winzer, der keiner war, ins Geschäft eingestiegen und hat sich auf den Wein eingelassen. Und fand besagte Schätze, denn es sei produziert worden, er habe gefüllte Keller vorgefunden, mit diesen Weinen könne man heute Gastronomie, Fachhandel und Privatkunden glücklich machen.

Er sei über die Nase zum Wein gekommen, sagt Tom Drieseberg. Von seinem Hund habe er diesbezüglich viel gelernt. Und damit meint er nicht die überschäumende Fanny, sondern deren Vorgängerin, um die er mit Ernst und großer Würde trauert. Ein Leben der Nase nach, etwas riechen oder eben nicht riechen können, sagt er. Den Geruch als Steuerungselement nutzen, denn alles könne man digital stimulieren, aber nicht den Geruch. Welche Überlegung könnte besser zum Wein passen? Genau da wird die Sache magisch, und das ist es letztlich, was auch durch Computertechnik, Stahltanks und Internetauftritte nicht ganz verschwinden wird: die ganz individuelle Beziehung von Mensch und Wein. Deswegen ja die Metaphernwolken und das Prosageriesel, damit das sonderbare Band, das in Sachen Wein den Connaisseur mit dem Penner vereint, wenigstens durch Wörter unsichtbar gemacht wird. Das Band heißt: glücklicher Augenblick. Der eine hat ihn, wenn ihm ein Ton von Mineral, grünen Äpfeln und Stachelbeere über die Zunge kriecht und lang in der Kehle verharrt, der andere, wenn das Leben für den Moment ein bisschen süßer schmeckt und gleichzeitig ein wenig undeutlicher wird, da wäre Stuart Pigotts Aroma von *Rosinenhefezopf* ganz hilfreich. Zu all den Sachen, die für Süße im Wein gesorgt haben, soll hier nichts gesagt werden. Die Weinsündenfälle sind hinlänglich bekannt. Es halten sich andererseits seit langem viele für große Weinkenner, die bei der Bestellung wissen wollen: Ist der auch trocken?

Drieseberg vermeidet jeden Weinwörterjubel. Wahrscheinlich weiß er genau, wie in dem Geschäft das Subjektive und das Objektive miteinander vermischt sind, eine Cuvée der ganz eigenen Art.

Auch er macht Sekt, aber auf blumige Loblieder wartet man vergebens. Goldgelb, sagt er nur über ihn. Goldgelb ist gut. Goldgelb ist Reife.

Wein ist nie nur Wein, und er ist nie der gleiche, auch wenn er aus einer Abfüllung kommt. Er ist Einsamkeit oder Gesellschaft, an jedem Ort, bei jedem Wetter, in jeder Jahreszeit und Laune schmeckt er anders. Natürlich auch in jedem Alter, wobei das des Weins und das des Trinkers gemeint ist. Alter Wein für junge Liebende und junger für reife Trinker? Wenn es so einfach wäre!

Das Schöne sei beim Weintrinken im Alter, sagte mein viel Wein trinkender Onkel, dass man sich um seine Leber keine Sorgen mehr zu machen brauche. Sie habe sich in vielen Jahren dreingefunden. Tom Drieseberg erzählt, dass es in diesem speziellen Lebensmittelhandel manchmal auf gewisse Zugaben ankäme. Er fragte, neu im Geschäft, einen berühmten alten Hasen: Was man denn so üblicherweise den Kunden in die Hand drücke oder vor die Tür stelle? Da gebe es ein Gesetz, antwortete dieser. Was einer an einem Tag trinken kann, kann man ihm auch schenken. Alles andere sei unanständig. Im Übrigen sei bei den Weingütern Wegeler jetzt auch der Rotwein gut vertreten, man habe das Weingut der Assmannshäuser Krone hinzugefügt. So ändern sie sich immer wieder, die Weinwelten, der naive Weinfreund oder die Rotweinfreundin wollen davon meistens gar nichts wissen.

Wir denken lieber über die Wörter nach, hinter denen der Wein versteckt ist, an die samtigen Töne schwarzer Kirschen und die Holznoten und den Hauch Waldbeeren und die mineralischen Abgänge. Nach dem Besuch beim Winzer, der eigentlich keiner ist, haben wir Hunger. In Eltville liegt am Rheinufer das Weinhaus Krone mit seiner wunderbaren Wirtin Agnes Winter. Sie, eine ansehnliche Person mit einem rheingaufüllenden Lachen, ist die Geheimrätin des Spundekäs, den sie offenbar nach einem Hexenrezept eimerweise herstellt. Keiner darf zugucken, alle wollen ihn essen. Ich heute nicht, ich möchte ihr *Woihinkelche*, die komplizierte Geschichte mit dem Wein soll ganz einfach enden: mit einem Huhn in Wein. Beides verträgt sich auf Frau Winters Teller aufs wunderbarste. Der Wein hat in diesem Fall sanfte Pilz- und deutliche Sahnenoten, mit einem langen Abgang von breiten Nudeln. Ein ganz leichtes Röstaroma lässt sich auch erschmecken. Bald werden wir wieder auf Frau Winters schöner Terrasse sitzen können und einen Spätburgunder mit Spundekäs vermählen. Um uns herum wird die Weinwelt Aufstiege und manchen Fall erleben, aber wir werden nichts davon mitkriegen.

ROT

Man fühlt sich wie ein Atheist im Vatikan, wenn man im Rheingau ist und keinen Riesling mag. Um ehrlich zu sein, eigentlich überhaupt keinen Weißwein. Es ist gar nicht leicht, diese Behinderung vor seinen vielen Gastgebern, Wirten, Kulturmitgenießern, Konzertnachbarn und was der liebliche Landstrich sonst noch an Menschen zu bieten hat, zu verbergen. Überall stehen Tabletts mit Gläsern, grünlich oder topas, hellgelb, in jedem Fall wohlriechend ist ihr Inhalt.

Wohlriechend, das heißt Noten von grünem Apfel oder Weinbergpfirsich, frischem Holz, Ananas – die Weinpoesie mitsamt ihren Metaphern kennt keine Grenzen. Alle um einen herum ziehen kennerisch den Wein durch die Lippen, lassen ihn freudig über die Zunge laufen und im Mund herumrollen, sie ziepschen und schmatzeln ganz vornehm und große Freude breitet sich aus.

Ich fühle mich wie in einer fremden Religion und ertrage die mitleidigen und fassungslosen Blicke auf mein Mineralwasser. Einnahme von Antibiotika wird als Erklärung geduldet, Autofahren eigentlich nicht, im Grunde genommen läuft alles auf trockene Alkoholikerin raus.

Jedenfalls war das so, aber Rettung naht seit einiger Zeit. Immer öfter schimmert neben den vielen Weißweinfarben in den Gläsern auch ein Rot. Da kann ich dann mithalten.

Ein Wallfahrtsort für die Roten ist seit Menschengedenken Assmannshausen. Dort gibt es das Hotel Krone, was für Assmannshausen so was Ähnliches ist wie das Oriental für Bangkok. Es ist nicht das einzige Hotel und auch nicht das Einzige, das man schön finden kann, aber es ist das Herzstück, und ohne es wären alle anderen nur noch die Hälfte wert. In den Ecken und an den Wänden der Krone hat sich die Zeit abgelagert. Sie lässt sich von jedermann betrachten und aus den Schubladen und Truhen scheinen Stimmen zu dringen und das Geräusch der nahen Züge mühelos zu übertönen.

So war's mal, sagen sie. Schau es dir an. Wir haben sie für dich aufgehoben, die Zeit. Das liegt daran, dass nichts in der Krone inszeniert, gemacht oder, Gott behüte, designt aussieht, sondern einfach entstanden. Das kommt auch dadurch, weil sie eigentlich ein Miniaturdorf ist, oder eine Burganlage, eine Ansammlung verschiedener verwinkelter Bauwerke. An dieser Wand brauchte man einst einen Schrank, hat man eben einen hingestellt. Dass er schön ist, fällt wahrscheinlich erst uns Nachgeborenen auf. Truhen, Betstühle, Tische, Anrichten verteilen sich wie zufällig auf den Stockwerken, und krumme Architektur, wir sehen es, kann ein wunderbarer Raumgestalter sein. Im Lauf der Zeit haben sich alte Fotos und Dokumente angesammelt, von und über Berühmtheiten, die hat man dann halt aufgehängt und sachte verblassen lassen. Beim näheren Hinschauen trifft einen manchmal ein kleiner Schrecken des Erkennens. Hans Dieter Schreeb hat den vielen hundert Jahren Kronedramen, deren Darstellern samt versunkenen Skandalen ein ganzes Buch gewidmet.

»Erzähl doch einfach drauflos ... Wen haben wir nicht alles im Haus gehabt? Richard Tauber, Wilhelm Kempff, Herbert von Karajan, Henny Porten ... Weißt du noch, wie lustig die war?«

»Oder Johannes Heesters ...«

»Der war aber nicht ganz so nett.«

»Das ist wahr ... Und die ganzen Politiker ... Reichskanzler Papen ... Oder Reichspräsident Hindenburg ... Und Göring in seiner Operetten-Uniform. Würde ich ruhig erzählen. Damals waren sie ja stolz, dass er da war!«

Plüsch, Feierfreude, Trauer, alles hat hier eine Heimstatt. So ist in vielen Jahren eine erzählende Herberge zustande gekommen, die sich aber nicht wichtig macht. Sogar die prachtvollen bunten Glaskunstwerke der Oberlichter fügen sich ein, als wäre ihresgleichen ganz normal.

An dem Tag, als ich mir in der Krone zwischen Eisenbahn und Geschichten des Rheingaus ein Plätzchen gesucht hatte, lautete das Motto der Stadt: IN ROT. Das Fest selber am Wochenende brauchte ich gar nicht mitzukriegen, rote Lichter, rote Plakate, rote Blumen zeigten mir, dass ich hier richtig war.

Im sechzehnten Jahrhundert gab es in der Krone eine Frau, Ursula Umhoff, deren Haut so weiß und fein gewesen sein soll, dass man den Rotwein durch ihre Kehle rinnen sehen konnte. Die Höllenbergtrinker von heute sind, so hat es den Anschein, von robusterer Art. So heißt sie nämlich, die alte Rotweinlage, an der viele Assmannshäuser einen Anteil hatten: Höllenberg. Auf der Terrasse der Krone, am Rhein, wird es eine Flasche davon geben, und wir werden aller beerengetönten Weinpoesie entsagen und ihn einfach sehr gern trinken. Rotweinconnaisseure halten bis zum heutigen Tage mit ihrer Verachtung für deutschen Rotwein nicht hinterm Berg, was habe ich da nicht schon alles zu hören bekommen. Sollen sie doch in ihren Bordeaux und Brunellos baden und sich durch lautes Aromengetöse mit großem Orchester beglücken lassen! Ich werde mir meinen Spaß an den leichten roten Melodien von niemandem nehmen lassen. In Assmannshausen bin ich damit in der richtigen Gesellschaft.

Der Ort drängelt sich anmutig zwischen Ufer und Höhen und passt sich an, nutzt wie alle Rheingauorte auch noch das kleinste Fleckchen Erde für einen Rosenstock, einen kleinen Hof oder einen Anbau. Darin sind sie hier seit Jahrhunderten Meister, für Grandiosität gibt es nur wenige Plätze. Die meisten Kirchen sitzen in ihren Städtchen wie große Glucken auf einem etwas zu kleinen Nest.

Die Terrasse der Krone ist der Zuschauerraum, der Rhein die Bühne. Es wird dunkel, das Stück beginnt: An den Tischen wird ein wirklich feines Essen serviert, auf dem Strom nähern sich die Narrenschiffe. Man stupst eine göttliche Amuse-Gueule-Creme mit einem Stückchen hausgebackenem Brot auf und schaut hinüber, wie es an und unter Deck tobt und trinkt und schunkelt und hopst. Es ist wie in Woody Allens Film *Manhattan,* in dem eine gesittete und eine entfesselte Gesellschaft in der New Yorker Subway aneinander vorbeifahren. Ein amüsiertes Gruseln weht durch die Kronengesellschaft. Das Gruseln wird zum echten Schrecken, als eins der Partyschiffe direkt vor unseren vornehmen Nasen anlegt. Wenn die jetzt ans Ufer kommen, mitsamt ihrem Pop-Gekreisch und Bässewummern und dem Strobolicht, das alles so verwirrend aussehen lässt! Wie wir sehen, hat es auch gnädig verborgen, dass die Narrenschiffsgesellschaft ganz eindeutig nicht aus Teenagern besteht.

Ein paar Kronenmienen werden nachdenklich, Paare flüstern sich was zu. Eigentlich wäre das auch eine Möglichkeit, im Rheingau eine tolle Zeit zu haben, schließlich ist es doch noch nicht so lang her, dass man sich vom Beat hat in die Magengrube hauen lassen. Und nun sitzt man hier bei Rotbarbe an Champagnerkraut und führt seinen Silberhochzeitsschmuck spazieren. Auch schön, natürlich! Drüben dröhnt und hopst es noch immer unverdrossen und ansehnliche Jahresringe schütteln sich rhythmisch. Es zeigt sich, dass das Strobolicht Konkurrenz bekommen hat vom Blaulicht eines Rettungswagens, deswegen hat wohl das Schiff außerplanmäßig angelegt.

Sonst machen sie das nie!, sagt das hübsche Serviermädchen, und es ist nicht klar, ob sie das beruhigend oder bedauernd meint.

Gabeln und Messer verharren, es ist still und man meint, über den Köpfen Gedankenblasen schweben zu sehen wie in den Micky-Maus-Heften. Man kann im zuckenden blauen Licht nicht sehen, wessen Ausflug an der Anlegestelle Assmannshausen jäh zu Ende gegangen ist. An Deck singt eine Gruppe fröhlich *So sehen Sieger aus, schalalalala*.

Wahrscheinlich haben sie gar nichts mitgekriegt, sagt jemand am Nebentisch entschuldigend.

Stromaufwärts schleppt das Schiff seine unverdrossen grölende und tanzende Gesellschaft, ganz langsam stampft es aus dem Blickfeld der Kronengesellschaft, der Rettungswagen schickt noch ein paar Streifen Blaulicht herüber, dann gibt es Dessert. Und wer standhaft sein wollte, obwohl man das in einem Restaurant wie der Krone eigentlich bleiben lassen sollte, wird doch noch eingefangen, zum Espresso erscheint ein dreistöckig serviertes Verführungsprogramm eines genialen Confiseurs, am besten sind die Geleepralinen aus bitterer Mandarine.

Wie auf einem Burgfried sitzen wir dann noch auf einem kleinen Balkon, der wie ein Schwalbennest am Zimmer klebt. Die Züge fahren einem an der Nase vorbei, aber das stört sonderbarerweise nicht. In Orten an einem Strom muss man immer mit dem Sich-Entfernen leben, zu Land und zu Wasser, zwischen Schiffen und Zügen, die auch nachts unterwegs sind. Deren Geräusche tragen einen in den Schlaf.

Ein chinesisches Flitterwochenpaar, das auch zwei

Stühle auf den winzigen Nachbarbalkon gequetscht hat, zeigt sich begeistert vom nächtlichen Rattern, sie deuten zur Schranke hinüber und freuen sich sichtlich. Leider reichen beiderseits die Sprachkenntnisse nicht, um den Gründen der Freude wirklich auf die Spur zu kommen. Vielleicht haben sie zu Hause noch nie eine große Schranke für den Zug und daneben eine ganz kleine für die Fußgänger gesehen. Vielleicht gefällt ihnen auch, wie eng beisammen hier alles ist. Sie strahlen beide, aber nicht einander an, wie es ganz junge Paare sonst tun, sie strahlen sozusagen parallel in die Welt, mit der sie hier im Rheingau ganz besonders einverstanden zu sein scheinen. Eigentlich ist es hübsch, dass man nicht miteinander reden kann. So prosten wir uns eben zu und strahlen selbviert, während vor uns die Züge und hinter uns die Schiffe in die Nacht verschwinden.

Am nächsten Tag sieht es aus, als ob das große Assmannshäuser ROT eine ziemlich nasse Farbe werden würde. Buden werden aufgebaut, Kabel verlegt, Container und Lautsprecherboxen aufgestellt, Weinkisten geschleppt, wie viele Stoßgebete werden wohl während eines Rheingauer Sommers mit seinen unzähligen Festen zum Himmel geschickt! Der globalen Erwärmung, für deren Vorhandensein doch die zunehmende Qualität der lokalen Rotweine ein Beweis ist, traut an Weinfestwochenenden niemand. Wenn sich dunkelgraue Wolkenbäuche vom Taunus herunterwälzen und der Rhein ein Regengrau annimmt, wenn der Sturm in die Zelte fährt und an den Stangen rüttelt und wenn die anrollenden

Busse nur halbvoll sind mit Rentnern in regengrauen Westen, braucht es ein tapferes Herz, damit die Feierfreude nicht davongetragen wird. Um sie zu behalten, hilft Rotwein. Er bringt auch graue Tage zum Glühen und lässt nasse Abende leuchten.

LUXUS

Eltville – diesen Ort mit dem französisch klingenden Namen werde ich immer mit Luxus in Verbindung bringen, mit einem an Thomas Mann, Vorkriegsheiterkeit und Eleganz erinnernden Luxus, von dem in Eltville eine Art Biotop übriggeblieben war. Mittlerweile ist es die Erinnerung an ein Biotop, aber das macht nichts. Ich meine die Mumm-Akademie in der Villa Hajo Rüter. So was hatten wir drei Frauen noch nie gesehen und erlebt. Wir hatten auch keine Ahnung, wie man eine bekannte Sektmarke und den Begriff Akademie zusammenbringen würde. Es war in den neunziger Jahren, Doris Dörrie, Ute Dietz und ich waren zu einer Lesung eingeladen, eben in die Mumm-Akademie, nach Eltville. Das heißt, Doris und ich lasen vor und redeten miteinander, Ute hatte sich zum Salon-Publikum als Zuhörerin gesellt. Es war wie eine Zeitreise und wir ertappten uns alle drei dabei, dass wir uns so elegant wie möglich zu benehmen versuchten. Danach gab es ein erlesenes Diner in Hattenheim, allein das Brot hätte die Reise nach Eltville gelohnt. Wir drei fühlten uns immer dekadenter, beschlossen aber, das einfach zu genießen. Wir waren ja weit weg von unseren alltäglichen politischen Kontrollinstanzen, vom Gedanken daran, dass man von dem, was so ein Abend kostet, eine Schule in Burkina Faso hätte bauen können oder dergleichen. Vielleicht ist es das, was mich an Eltville bis zum heutigen Tag fasziniert: Man hat dort einfach kein schlechtes Gewissen. Eltville hat etwas Schwelgerisches, Leichtsinniges, Wein, Sekt und Rosen, die Kombination, die der Ort sich auf die Fahnen geschrieben hat, sagt schon alles. Interessant ist auch, daß dort alljährlich ein Biedermeierfest gefeiert wird. Man huldigt der Epoche des bürgerlichen Glücks. Die ist bei den groß Denkenden aller Schattierungen schlecht angesehen, das ist ungerecht, und das scheint man hier zu wissen.

Zur Zeit, als die Mumm-Akademie blühte, gehörte sie mitsamt der Kellerei dem Seagram-Konzern. Wer sich mit der Geschichte des Rheingaus beschäftigt und nicht mit dem methodisch ordnenden Sinn eines Historikers gesegnet ist, dem wird nach einiger Zeit der Kopf ganz wirr vor lauter Erzbischöfen, Herzögen und Fürsten, Familien, Konzernen, Grenzziehungen, Gründungen und dem ewigen Wechselspiel aus Freundschaften, Feindschaften und Übernahmen. Das hat bis zum heutigen Tag nicht aufgehört, mitsamt den dazugehörigen Dramen. Jedenfalls hatte sich der Konzern vom luxuriösen Flair Eltvilles inspirieren lassen und spielte eine Zeit lang mit. Als wir drei nach dem übermäßigen Abend zu unseren Gemächern in der Villa Rüter gebracht worden waren, standen wir minutenlang stumm in der Halle und schauten uns um. Mit dem, was hier, aufs Edelste präsentiert, herumstand, hätte man mehrere Hundert Alkoholiker glücklich wie nie in ihrem Leben machen können. Alle erdenklichen Whiskys, Gins, uralte und jüngere Cognacs, Brände jeder Obstsorte, Getränke, von denen wir noch nie gehört und deren Farben wir noch nie gesehen hatten. Dieses Rot! Dieses Blau! Dieses Grün! Thomas Mann beschreibt im *Felix Krull* die Ausstattung einer Schaumweinflasche so prachtvoll, dass ich in diesem Ambiente unwillkürlich daran denken musste: *Die gepreßten Korke waren mit Silberdraht und vergoldetem Bindfaden befestigt und mit purpurrotem Lack übersiegelt … die Hälse waren reichlich mit glänzendem Stanniol umkleidet und auf den Bäuchen prangte ein golden umschnörkeltes Etikett …*

Champagner und Sekte gab es hier natürlich auch, in gläsernen Kühlschränken, schwere Burgunder und Bordeaux, Weißweine aus aller Welt und der Region, überall standen die passenden Gläser bereit. Wir suchten erst einmal nach Wasser, schließlich waren wir am Ende eines üppigen Abends und nicht am Anfang. Es gab welches, in Karaffen, wahrscheinlich zum zwischendurch Nachspülen, wenn man die Alkoholsorte wechseln wollte. Wir waren ergriffen wie von einem Kunstwerk und begannen erfolglos, den Gesamtwert dessen abzuschätzen, was hier herumstand und aufs Getrunkenwerden wartete. Ich kann mich nicht erinnern, ob wir in dieser berauschenden Ali-Baba-Höhle überhaupt noch was getrunken haben, wir beschäftigten uns mehr damit, unsere jeweiligen Zimmer zu bewundern. Die Bäder! Sie waren von Philippe Starck! Das ganze Haus war erfüllt von einem Parfum nach kultiviertem Müßiggang und ungehemmtem, aber nicht hemmungslosen Genuss. Dass wir drei Hühner auch nicht annähernd ein angemessenes Gelage zustande gebracht hatten, tat uns nachher noch lange leid.

Ein Spaziergang am nächsten Morgen am Rheinufer verstärkte den Eindruck von Leichtlebigkeit. Doris, die Filmemacherin aus München, war ganz erstaunt. München hält sich ja für die Welthauptstadt der Lebenskunst und der Leichtigkeit, aber das hier, der Rhein, die Menschen auf der Promenade und die übermütige Stimmung, also: Eltville könne eindeutig mithalten, meinte sie. Wir hatte beide schon allerhand Erfahrungen mit Veranstaltungen gesammelt, aber so luxuriös und wie aus der Zeit gefallen war es nie zuvor, da waren wir uns einig.

Eltville hat sein Rheinufer nicht wie andere Orte kampflos dem Autoverkehr überlassen, auch das trägt zu seiner ferienhaften Atmosphäre bei. Die Welt und die Eltviller promenieren am Rhein, trinken, reden, sitzen und schauen spazieren. Paul Richter, der zu Beginn des zwanzigsten Jahrhunderts sein Standardwerk über den Rheingau verfasst hat, führt den Flickenteppich der Mächte, Zuständigkeiten und Konflikte im Lauf der Jahrhunderte vor Augen. Zu Eltville erzählt er eine Geschichte, die zur Anmut des Ortes passt: Die Stadt, heißt es bei ihm, sei im elften Jahrhundert ein bevorzugter Aufenthalt für den Mainzer Erzbischof Bardo gewesen. Bardo wurde später heiliggesprochen und *sein Biograph weiß von Scharen unbekannter wunderbarer Vögel zu berichten, die zu Eltville erschienen, so oft er auch dahin kam; sie, die sonst nie daselbst gesehen wurden, begrüß-*

ten ihn mit ihren Gesängen und erhielten ihre Nahrung von ihm als seine Gäste.

Was meinen Lieblingsort in Eltville angeht, so war ich sicher, dass es ihn schon seit Erzbischof Bardos Zeiten gegeben haben musste und dass seine Zaubervögel sich nur hier gezeigt haben konnten. Warum wir etwas besonders Schönes oft für sehr alt halten, weiß ich nicht. Jedenfalls wollte ich nicht glauben, dass der Eltviller Rosengarten an der Kurfürstlichen Burg erst im Jahr 1979 angelegt worden ist. Dieser Rosengarten, fünftausend Quadratmeter groß und nicht nur vom Rheinklima, sondern auch von den schützenden Mauern des Burggrabens gesegnet, ist nicht nur für mich ein geliebter Ort, einfach, weil er so schön ist. Und weil man in ihm viel lernen kann. Ein Garten nämlich, der über 350 Sorten Rosen beheimatet, bringt einem bei, wie Menschen das Leben sehen: Es gibt entweder nie den richtigen Zeitpunkt, sich dort aufzuhalten – oder immer. Will sagen, im Eltviller Rosengarten wird über verpasste Gelegenheiten gejammert: Wir sind eine Woche zu spät dran, die X ist schon fast verblüht! oder: Wir sind viel zu früh, die Y ist noch gar nicht richtig offen! Das sind die einen. Die anderen finden in diesem Wundergarten immer den richtigen Moment, entzückt zu sein, sei es, dass die Rosen erst nur ein Versprechen sind und Frühlingsblumen ihnen noch den Rang ablaufen, sei es, dass das ganze Konzert schon fast vorbei ist und nur noch Hagebutten und ein paar feurige Zuspätgekommene die warmen Mauern schmücken. Ich gebe zu, dass mich der Eltviller

Garten trotzdem manchmal drängeln lässt: Wir müssen endlich hinfahren! Die Kletterrosen! Wer einmal diese Blütenkaskaden gesehen und gerochen hat, wird sie nie vergessen und jedes Jahr wiederkommen wollen. Ich weiß nicht, wer die Idee zur Anlage des Burggartens gehabt hat und wem es zu verdanken ist, dass der Plan in die Tat umgesetzt wurde: Ein schöneres Denkmal kann es nicht geben. Die Eltviller Rosen haben sich in der ganzen Stadt verbreitet und jedes noch so kleine Plätzchen erobert. Offenbar finden sie hier alles, was sie brauchen, den richtigen Boden, das richtige Klima, die passenden Mauern und Heerscharen von Bewunderern, die wissen, dass die Kombination von Wein und Rosen durch nichts zu übertreffen ist. An warmen Abenden an den Probierständen dicht bei dicht auf einem Mäuerchen sitzen, auf den Strom schauen und die Nase abwechselnd ins Glas und in die Luft halten: Das ist Glück.

Mir ist natürlich klar, dass es auch in Eltville Familientragödien, Architektursünden, kommunale Probleme und all die anderen Sorgen gibt, die das Leben ausmachen. Es fällt einem aber hier leichter als anderswo, das zu vergessen, und zwar ohne dieses Touristengefühl, das ja immer einen Hauch von schlechtem Gewissen in sich trägt. Die Eltviller feiern einfach gern, und die Liste von Festen, gewidmet Rosen und Wein, Biedermeier und Musik bis in den Winter hinein, kommt mir nicht so vor, als sei das alles für die Fremden ersonnen, die nur ein paar Stunden bleiben und sich was vormachen lassen wollen. Mutige Gründungen wie das Eltvinum im ältesten Eltviller Rathaus erinnern mich an das, was die Mumm-Akademie auch wollte: kultiviert zu feiern, und Kultur nicht als Alibi oder Steuersparmodell zu installieren, sondern weil sie glücklich machen kann, so wie Wein und Rosen es auch können. *Der Start des Eltvinums war fulminant*, schreibt die FAZ.

Im Rheingau ist es noch spannender als in anderen touristisch aktiven Regionen: Wie lässt sich das Gleichgewicht zwischen Einheimischen und Gästen immer wieder so austarieren, dass Orte nicht zu ganzjährigen Weihnachtsmärkten und Dienstleisterquartieren verkommen? Vielleicht liegt es nur an diesem unglaublichen Rosengarten, dass mir das Problem in Eltville nicht so brisant erscheint wie an anderen Orten. Einen solchen Garten ins Leben zu rufen, und das am Ende der siebziger Jahre des letzten Jahrhunderts, einer Zeit, in der noch totsaniert, abgerissen und zubetoniert wurde, was das Zeug hielt, und Landräte allenthalben ihre öden architektonischen Machtbeweise in Gestalt von Einkaufszentren oder Bürgerhäusern in lieblichste Landschaften rammen ließen – da haben sie hier so was gemacht! Was für eine Lebensfreude! Die pflanzt man nicht nur für Fremde an, das macht man für sich selber. *Der begünstigte Landstrich,* lässt Thomas Mann seinen Felix Krull sagen, der *wohl zu den lieblichsten der bewohnten Erde gehört.* Im Eltviller Rosengarten glaubt man das gern.

DROSSELGASSE

Als ich klein war und zum ersten Mal in der berühmten Drosselgasse war, ist sie mir lang vorgekommen, sehr lang und sehr steil. Man rutschte leicht auf ihr aus, weil sie mit senfigen Pappen besät war, und unserem Hund Bussi wurde schlecht von den vielen Bratwurstresten, die er gefressen hatte. Ich kann mich nicht erinnern, warum wir den Ausflug gemacht haben, denn eigentlich fuhr man da nicht hin. Es war zwar eine Art Zentrum des Frohsinns, ein Nabel der Welt, ein Ort, an dem es den ganzen Tag und die ganze Nacht lang lustig sein sollte: aber eben für andere. Das Lustigsein stand zwar überall am Rhein hoch im Kurs, aber die Rüdesheimer Drosselgasse war für Rheingaukenner etwa das Gleiche wie Rothenburg ob der Tauber für Liebhaber alter Architektur: Man nahm den Ort trotz seiner Berühmtheit nicht für voll. Es gäbe dort nur schlechten Wein und Remmidemmi.

In Wirklichkeit ist sie kurz, schmal, und überhaupt nicht steil. 144 Meter lang, ich vertraue den Angaben, nachgemessen habe ich nicht, schon weil ich nicht weiß, wie man eine Straße misst. Wo genau beginnt sie? Wo hört sie auf?

Erst einmal finden wir sie nicht, weil wir kurz davor an einer großen Baulücke hängenbleiben und uns partout nicht erinnern können, was da einst gestanden hat. Was immer es war, es hat einer Investition Platz gemacht, Wohn- und Geschäftshaus, die übliche Architektenschautafel informiert. Die wollen einem immer suggerieren, alles werde schön und ordentlich, Rheinblick inklusive. Über die Uferstraße donnert der Verkehr.

Die Drosselgasse erinnert mich an einen Basar, so dunkel und geheimnisvoll macht sie ihre Angebote an die Besucher. Links und rechts liegen Kneipen, Läden und kleine Höfe, Reisegruppen fließen ineinander und wieder auseinander, und die Reiseleiter erzählen in dem Gedränge souverän übereinander hinweg. Trotz strahlender Sonne herrscht Dunkelheit, vielleicht ist das das Besondere. Wilfried F. Schoeller nennt die Gasse *ein Verbundsystem von Hohlräumen, die auch am Tag künstlich beleuchtet werden.*

Nichts kommt ans Licht, egal, wie man sich aufführt. Damit man zu einer schönen Enthemmung findet, gibt es längst nicht mehr nur den berüchtigten Riesling, sondern mehr und mehr Bier und Exotisches. Ein Drink heißt *Orgasmus*, so steht es jedenfalls auf einer Tafel, und neben mir sagt eine Frau, die die gleiche Tafel studiert, zu ihrer Begleiterin: »Wiltrud würde ja nie aus Gronau weggehen.« Es ist so eng hier, dass man viel mitkriegt, aber sündig ist das überhaupt nie, sondern eher das ganz normale kleine Leben. Ich sehe nicht einen einzigen jungen Menschen. Vielleicht ist die Drosselgasse zu analog. Das wird man in ein paar Jahren zu schätzen wissen, davon bin ich überzeugt. Die Produktfülle der Andenkenindustrie wirkt hier in ihrer Monstrosität beeindruckend. Was Menschenhirne sich ausdenken können! Es ist wie ein Zwang: Man muss auf diesen schmalen, sanft ansteigenden 144 Metern irgendetwas kaufen, etwas Blödes, viel zu Teures, total Unbrauchbares, etwas, wofür man sich beim ersten Schritt hinaus ins Sonnenlicht, in die normale, vernünftige Welt, schämen wird. Auch da kommen wieder Erinnerungen an Basare ins Spiel, an die unwiderstehlichen Überflüssigkeiten des Morgenlandes. Glitzern muss es und Reichtum vorgaukeln. Der Händler, bei dem ich eine völlig überteuerte und sehr geschmacklose Tasche kaufe, gebietet über eine unübersehbare Höhle voll Kristallenem, Ledernem und Bronzenem, hinter ihm stehen Totenköpfe in langen Reihen, die mich aus leeren Augen mahnend anschauen. Ich glaube, es sind Aschenbecher. Der Pragmatiker an meiner Seite meint, ich bekäme »draußen« – das heißt, in der anderen Welt – zehn solche Taschen für den gleichen Preis. Obwohl er persönlich nicht begreifen könne, dass man überhaupt so eine Tasche haben wolle. Er versteht nichts. Der Händler beobachtet mit Gleichmut und weisen Augen unseren kleinen Disput. Übrigens ist er Orientale, ich traue mich aber nicht, ihn zu fragen, woher er kommt. Wie oft mag er Paare wie uns in seinem Laden gehabt haben! Natürlich setzen sich die Frauen durch.

Der Rheingau ist eng, aber hier ist alles noch enger, und so kann man andere Paare beobachten, ohne aufdringlich zu wirken. Aufdringlichkeit ist der Gasse sozusagen immanent. Man kann nicht *nicht* zuhören oder zuschauen. Vorherrschend ist die Sprache des Ruhrgebiets. Das am wenigsten sentimentale Idiom sämtlicher Bundesländer sorgt für klare Abgrenzungen. »Wird getz Zeit!«, sagt ein Mann zu einem anderen, während ihre beiden Frauen vor einem Klamottenlädchen diskutieren. Vier Männeraugen haben die Kneipe gegenüber fest im Blick. Man ist schließlich hergekommen, um zu trinken, und das ist eine ernste Sache. Im Grunde genommen sehen von ihren Frauen zum Amüsement getriebene Männer immer so aus, als wären sie gern woanders, wüssten aber nicht, wo. Nur die Mutterschoßartigkeit einer Kneipe bietet Schutz, und in die strebt man, auch hier, auf diesen berühmten paar Metern. Die Auswahl ist groß, und auf Originalität wird Wert gelegt. Es gibt singende Wirte und internationale Wirtinnen. Im Grunde genommen ist die Drosselgasse ein Bollwerk gegen die Gleichmacherei der Globalisierung und der digitalen Welt. Sie wird durch Hamburger oder Döner nicht amerikanisch oder türkisch, sondern die werden rheingauerisch. Man nennt das Anverwandlung.

Im Grunde genommen verstehst du hier nichts, wenn du nicht einen Abend lang mitgesoffen und gesungen und geschunkelt hast, sagt mein Begleiter.

Kannst du dir das vorstellen?, sage ich.

Nicht so richtig, antwortet er.

Aber deswegen kann man sie doch nicht ignorieren, sage ich. Sie ist eine Legende! Ursprünglich eine flussnahe Trinkgelegenheit für die Schiffer, teilabgebrannt, wieder aufgebaut, Nutznießerin des Booms um die Germania im Niederwald, zerbombt und wieder auferstanden. Das erklärt aber nicht den Mythos um das Sträßchen. Ein dünner Strohhalm, der die ganze Welt einsaugt, von Amerika bis Japan, und sie mit Millionen gespeicherter Fotos wieder entlässt. Warum werden Orte zum Mythos? Sie haben entweder etwas Sichtbares, was die Menschen fasziniert oder wovon sie denken, es müsse sie faszinieren. Dome und Schlösser, Wasserfälle oder andere Naturschauspiele: Da muss man hin. Oder es gibt etwas Unsichtbares; irgendein Geheimnis, von dem jeder weiß, wie bei der Loreley. Auch da muss man hin. Aber die Drosselgasse? Zu sehen ist hier nichts, was es nicht an tausend anderen Orten genauso gäbe. Geheimnisse schlummern hier auch nicht, kein versunkenes Gold, kein Pakt mit dem Teufel, kein gefährlicher Todesstrudel im Strom bringt die kollektive Phantasie in Wallung. Gemütlichkeit, das deutsche Wort, vielleicht ist das das Geheimnis? Vielleicht ist sie der Gral, nach dem Russen und Inder, Italiener und Chinesen hier suchen? Sie können einem leider nicht verraten, was sie sich darunter vorstellen.

Ach, der Rheingau und seine Unsichtbarkeiten. Das Gebück ist auch so eine, jener lebendige Schutzwall aus gebogenen Buchen und allerlei Dorngestrüpp, das wir schon zum wiederholten Mal nicht gefunden haben. Mit der Gemütlichkeit ist es wie mit dem Gebück. Man glaubt an die Existenz, aber man findet keine richtigen Beweise.

Über die Drosselgasse haben sich ganze Generationen mokiert, so einen Ort besucht man doch nicht als gebildeter Mensch! Ich glaube, das ist nur Neid. Eine Gasse voll Vergnügungen, voll Gemeinsamkeit, in der jeder so falsch singen darf, wie er will. Es geht alles nur Ellenbogen an Ellenbogen, und weil es so ist, haben sie hier schon seit Hunderten von Jahren Übung darin, mit Kontrollverlusten umzugehen. Vielleicht ist das hier ein Kurort gegen misanthropische Anwandlungen, Medizin gegen Vereinsamung. Wenn alle so dicht zusammengepackt sind, kann keiner hinfallen.

Ein Blick ins Weite käme jetzt gelegen, damit sich die Gedanken wieder klären. Es liegt wahrscheinlich an meiner ortsunüblichen Nüchternheit, dass mir solche Sentimentalitäten in den Kopf kommen. Der normale Verlauf wäre gewesen: Einen Abend lang großes Juhu, am anderen Morgen dicker Kopf und ein bisschen Verlegenheit, man erinnert sich, laut mit den anderen gesungen zu haben: *Santa Maria, Insel, die aus Träumen geboren* ... das wäre ein Drosselgassenabend, wie er sich gehört. Vielleicht kommen wir ja mal so weit. Es wäre wahrscheinlich auf irgendeine Art sehr lustig. Oder sehr grässlich. Wir benutzen die Fahrt in das stille Lorchhausen, um uns mit dem Gedanken anzufreunden, dass wir für den Mythos Drosselgasse noch viel lernen müssen.

Lorchhausen und der Wald, das ist echte Einsamkeit. Erst spät fällt uns auf, dass in diesem Wald viele kleine Gärten liegen, wie vergessene Kolonien. Sie sind eingezäunt und wirken eigenbrötlerisch, verrostete Rutschen stehen da und leere Hasenställe. Es gibt viele kleine

Wegaltäre hier und Heiligenstatuen, der Friedhof von Lorch sieht wie aufgeschichtet aus, die Toten müssen sich genauso am Berg festkrallen wie die Lebenden. Hier ist zwar jeder Quadratmeter benutzt, kultiviert, in Besitz genommen, umzäunt oder ummauert, aber die, die das getan haben, lassen sich nicht blicken. Es ist eine ganz dornröschenhafte Ecke der Welt, hier erzählen die Dinge ihre Geschichten, nicht die Menschen. Kein größerer Gegensatz zur Drosselgasse ist möglich. Irgendwann sehen wir auch wieder ein geheimnisvolles Zeichen auf einem Schild, es sieht aus wie zwei stilisierte Palmen, und das heißt: Hier irgendwo war oder ist das Gebück. Hier aber kann nichts dergleichen sein, wir stehen auf einer weiten Wiese, am Horizont drehen sich Windräder. Von einer Buchen-, Schlehen- und Brombeerhecke ist nichts zu sehen. Ein Phänomen, dieses Gebück, der lebendige undurchdringliche Wall, hinter dem die Zeit hundert Jahre hätte stillstehen können. Vielleicht hat sie es getan, da und dort. Man kann es nicht dingfest machen, es ist so vage wie die Sache mit der Gemütlichkeit. Später kommen wir an einem hölzernen Brunnenmaul in Zwergenform vorbei, das ist die Trifter Quelle. Das Wasser schmeckt gut, jedenfalls bilden wir uns das ein. Quellwasser muss gut schmecken. Die Hinweisschilder, man dürfe Platz und Quelle nicht verunreinigen, sind mehrsprachig. So weit reicht sie, die Internationaliät der Drosselgasse!

KLÄNGE

Kilometerlang säumen Autos aus dem ganzen Rhein-Main-Gebiet die Wege zum Schloss Johannisberg, es regnet. Schwierig, mit zwei Händen Röcke und Hosenbeine vor den Pfützen zu retten, und dann auch noch den Schirm irgendwie über die Frisur zu halten! Keiner achtet auf das Schloss, den Park mit den mächtigen Zedern oder die Aussicht. Es gilt, den langen Weg zur Musik möglichst unramponiert hinter sich zu bringen. Aber niemand wirkt dabei hektisch oder schlecht gelaunt. Man weiß, wie es hier ist. Man gehört dazu und schiebt lässig die nassen Schirme unter das Gestühl. Es wird über die Reihen hin und her gewinkt. Von Jeans mit Daunenweste über die unsterbliche Faltenrocktwinsetkombination bis zum Paillettengeschmetter sind alle Varianten von Garderobe vertreten. Rechts von der Bühne führt eine Treppe – wohin? Da oben speisen die Sponsoren, sagt jemand, der sich auskennt. Die kommen, kurz bevor es losgeht, im Gänsemarsch herunter und lächeln leicht verlegen ins Publikum, junge Kellnerinnen balancieren Tabletts mit Gläsern und Geschirr zwischen ihnen hindurch. Der Festivalchef sagt ein paar freundliche Worte und nimmt dann mit seiner Frau auf einem Erkerchen Platz, es sieht wie die sehr demokratische Variante einer Fürstenloge aus.

Sieben Sonnenblumen blicken ernst aus einem Gesteck von der Bühne herunter in den ausverkauften Metternichsaal des Schlosses Johannisberg. Sie schmücken den Auftritt des jungen Starpianisten, auf den sich im Rheingauer Musiksommer schon wochenlang alle Glücklichen freuen, die eine Karte ergattern konnten. Der schmale junge Mensch auf der Bühne trägt sich wie ein romantischer Virtuose, mit maulwurfsfarbenem Samtanzug – die Farbe hieß einst taupe – und wunderschönen Schuhen.

Er hat sich was ausgedacht. Alban Berg verpackt er sozusagen stoßfest zwischen Mozart und Bach. Zwischen den Musikstücken soll nicht geklatscht werden. Ein Applausversuch nach dem Mozart fällt in die Stille wie ein Schuss.

Einige Musikkenner beschweren sich trotzdem in der Pause: Den Berg, also auf den hätte man verzichten können. Meinen schüchternen Einwand, so modern sei der doch auch nicht mehr und überdies wunderschön interpretiert, lässt niemand gelten.

Der Pianist hatte im ersten Teil fast unbeweglich am Flügel gesessen und scheinbar den Tönen nachgeschaut, wie sie da rausrollten. Jetzt, im zweiten Teil, lässt er ganz romantisch-expressiv Wagner rauschen und donnern, in der Fassung von dessen Schwiegervater Liszt. Jetzt dürfen wir alle klatschen und tun es ausgiebig. Zugaben kriegen wir auch.

Das Wetter macht der Musikgesellschaft einen Strich durch die Rechnung. Man wäre doch so gern noch im

Schlosshof ein wenig lustwandelt, hätte das Konzert noch einmal nachschmecken, vielleicht auch ein bisschen darüber streiten wollen. Aber der Himmel hat kein Einsehen, und so machen sich wieder viele Schirme und geraffte Rocksäume und Hosenbeine auf den Weg zu den Autos.

R. und ich sitzen dann noch zusammen, in Hattenheim, im Krug, ein verwinkeltes Rheingauer Hänselundgretelhaus, in dem sich eine bemerkenswerte Küche und ein tadelloser Service verbergen.

Der Rheingauer Musiksommer ist eine dicht verwobene Mischung aus Kunstsinn und Gesellschaftslust, glücklicher könnte der Standort nicht gewählt sein. Seit 1988 ist die Musik unaufhaltsam zwischen alle Mauern gesickert, hat sich ausgebreitet und ist festgewachsen, ich glaube, viele denken, das sei schon seit Jahrhunderten so. Mit neunzehn Veranstaltungen an fünf Spielstätten hat es begonnen, heute sind es vierzig Orte und über hundertfünfzig Veranstaltungen. Kein Wunder, dass der Erfinder all dessen als heimlicher König der Region gilt. Eine Gegend wie diese muss immer wieder in Bewegung gebracht, neu erforscht und herausgefordert werden, sonst schläft sie ein. Die Schlange in allen Paradiesen dieser Erde heißt Behäbigkeit. Da hilft ein solches Festival, weil es die kleine Region zuverlässig durcheinanderbringt und auch für die interessant macht, die mit der normalen Rieslingseligkeit nichts anfangen können.

Natürlich blühen in den Musiksommern Starkult, Schau- und Zeigelust Selbstverliebtheit, Provinzeitelkeit, warum denn auch nicht? Vielleicht findet hier genau das statt, was »bürgerliche Kultur« genannt wird. Nur sehr Gestrige verwenden diesen Begriff noch im selbstgerecht angeekelten Ton von einst. Die Alternativen zum »Bürgerlichen« haben sich im Lauf der Jahre als überschaubar und leicht zu integrieren erwiesen. Auch im Rheingau hört die Moderne nicht bei Alban Berg auf.

Musik hat ihre eigenen Gesetze und Herausforderungen. Am Abend nach dem Klavierkonzert im Schloss duckt sich in der Basilika des Klosters Eberbach das Publikum unter der wuchtigen Gottergebenheit des Deutschen Requiems von Brahms.

Herr, lehre mich doch, daß es ein Ende mit mir haben muß und mein Leben ein Ziel hat, und ich davonmuß – und das in den lieblichen, hellgrünen Hügeln, in denen die Trauben schon dicht an dicht hängen und nach dem Regen jetzt die Sonne in sich aufnehmen. An einem goldenen Abend wie diesem, Blumen und Gras sind noch sattgetrunken und leuchten, fährt einem dieser Text und die Musik doppelt heftig in die Knochen, und das ist vielleicht genau so gewollt. Nicht einmal die Decken und Schals, die von kundigen Basilikakonzertbesuchern mitgebracht worden sind, werden gebraucht, so lau und lind ist es im Klostergemäuer. *Davonmüssen*? Ans Ende denken? Ach, doch nicht heute, da wir alle ohne Mäntel mit Weingläsern in der Hand einen unglaublich gelben, vollen, riesigen Sommermond über dem Kloster stehen sehen. Musik und Landschaft ergeben immer wieder neue Spannungen: Fassungslosigkeit, Glücksgefühl, Traurigkeit, alles geht durcheinander und sortiert sich neu, für jeden anders, aber für alle auf irgendeine Weise. Man sieht es den Gesichtern an. Nur ganz wenige haben dieses Heute-Abend-mache-ich-in-Kultur-Gesicht auf, gegen das wahrscheinlich auch der Vollmond machtlos ist.

Die mit Musik gefüllten kargen Mauern der Basilika und der traubensatte Sommerabend gehen eine sonderbare Verbindung ein. Man fühlt sich so vernunftlos, so nachgiebig, als wäre man unversehens eines Zipfels der Seligkeit teilhaftig geworden, die man gar nicht verdient hat. Der Rheingauer Sommer nimmt einem die Schwere der Brahms'schen Musik von der Seele, aber die sorgt dafür, dass wir nicht allzu leichtfertig genießen oder uns vielleicht gar betrinken! Den Gedanken ans *Davonmüssen* werden wir nicht vergessen, nur ein Stückchen in die Ferne schieben.

Still und ganz allmählich zerstreut sich die Gesellschaft über die dunklen Wege, später sieht man in den einfachen Weinwirtschaften unten am Rhein welche sitzen, die zusammen schweigen und dann und wann einen Schluck trinken. Was soll man auch groß reden, wenn der Mond eine breite, goldene Brücke über das Wasser gelegt hat.

In den nächsten Tagen bleibt es wolkig schön, also können wir uns Johannisberg mal richtig anschauen, richtig, das heißt, wie Touristen. Wir sind ja welche. Warum Touristen immer so tun, als seien grade sie keine, wenn sie von ihren Reisen erzählen (Es war wunderbar! Überhaupt keine Touristen dort!) ist mir rätselhaft.

Zwölf Uhr mittags, drei verschiedene Glocken läuten. Eine ehrwürdige, eine nervöse Bimmel und eine sehr fromm klingende. Das Schloss sieht wunderbar behütet und gepflegt aus, südliches Terrakotta und Gelb, russischgrüne Fensterläden. Es gibt Feigenspaliere und Esskastanien, Zedern, und ringsherum natürlich Weinberge, die ganz frisch geschnitten sind und unendliche Zeilen über die Hügel malen, das Muster jahrhundertelanger Kultivierung. Weit unten liegt der Rhein im Dunst. An der unteren Schlossmauer vorbei führt ein Grasweg, den ein dicker Teppich von abgefallenen Rosenblättern säumt. An den Rosenspalieren sieht man ein paar späte rote Blüten. Am Rand der Weinberge blühen Wegwarten, wilde Kamille und Senf. Es ist so still, dass man das Rascheln der Eidechsen in den Rosenblättern hören kann. Zwei sonnen sich auf einem Steintreppchen, eine graue und eine grüne. Durch ein Loch zwischen Sichtschutz und Zaun leuchtet türkisgrün ein Pool. Das Loch sieht aus, als hätten es schlaue Dorfkinder angesichts eines ungenutzten Schwimmbeckens bei Hochsommerhitze gemacht. Ich hoffe sehr, dass es so ist!

Der Eindruck von Verwaistheit ist trotz der vielen herumwandernden Menschen überwältigend.

Die Schlossherrin und Mutter des Festivals ist im Sommer des Jahres 2006 gestorben. Sie liegt gleich neben der Schlosskirche begraben, und da ihr Todestag erst vor wenigen Tagen war, liegen frische, bunte Kränze auf ihrem Grab.

Fürstin Tatjana von Metternich-Winneburg
geb. Prinzessin Wassiltchikoff
Grande von Spanien
Duchessa de Portella
Gräfin von Königswart
St. Petersburg, 1. 1. 1915
Schloß Johannisberg, 26. 7. 2006

Direkt neben dem Grab ist ein Weinberg, der von einer vielstämmigen alten Zeder beschattet wird. Man hat einen weiten Blick über das Rheintal.

Ohne Musik müssen wir nicht bleiben, aus der Kirche dringen Probentöne, Orgel und Sopran, außerdem riecht es plötzlich höchst lebenszugewandt nach Suppe. Kneipe oder Kirche? Die alte Frage, aber die Musik ist so schön, Schumannlieder, nach und nach kommen immer mehr Johannisbergtouristen in die mit weißen Blumen üppig geschmückte Kirche. Sie sehen ganz betäubt aus über das schöne Zufalls- und Gratiskonzert, manche scheinen diese Art von Musik zum ersten Mal im Leben zu hören. Sie bestaunen die Statue eines fast lebensgroßen Klerikers, der im Mittelgang steht und ihnen ein aufgeschlagenes Buch entgegenhält. Es ist ein sogenannter Atzmann, ein Pultträger aus Rotsandstein, und man hat ihn 1946 im Schutt des Kirchenbodens gefunden. Er stammt aus der Zeit um 1300 und sieht so modern aus, als sei er von Barlach.

In der Kargheit der Basilika kommen die Bildwerke, die sie schmücken, umso stärker zur Geltung, der heilige

Nikolaus, die gotische Madonna, der barocke Benedikt. Als wir die Kirche verlassen, um endlich dem Suppenduft zu folgen, nähert sich eine Hochzeitsgesellschaft. Die Sonne scheint, die Wolken haben sich verzogen, und nun wissen wir, warum die Kirche so üppig mit Hortensien und Rosen geschmückt war. Nicht für eine tote Fürstin, sondern für ein glückliches Brautpaar.

SPUREN

Bei jeder Fahrt in den Rheingau merke ich, wie wenig ich von ihm kenne, das liegt am Mikrokosmischen. Was man längst gesehen und verstanden zu haben glaubt, zeigt sich beim nächsten Mal ganz fremd. Das kann an der Jahreszeit liegen, am Wetter oder daran, dass sich in einem so winzigen Kontinent, wie der Rheingau einer ist, manches verstecken muss, um sich zu schützen. Nirgendwo gibt es so viele Geheimnisse wie in Dörfern. Nirgendwo wird so hingebungsvoll daran gearbeitet, sie zu lüften. Eins davon hatte ich mir bis zum Schluss aufgehoben, obwohl ich schon oft darum herumgeschlichen war. Die Außenmauern des Brentanohauses in Winkel waren mir längst bekannt, die alten, müden Steine, die Hofeinfahrt, Türen, die sich schon seit langem hinter jemandem geschlossen zu haben schienen. Dass aber drin jemand leben musste, der Blumen liebte, sah man.

Es ist eine Marotte von mir, und ich hatte sie schon immer: Orte, die ich unbedingt kennenlernen will, erst mal zu umkreisen. Vor ihnen haltzumachen, vielleicht, um Enttäuschungen zu vermeiden. Je vertrauter mir ein Platz aus der Literatur, aus Filmen oder Erzählungen ist, desto schwerer fällt es mir, ihn zu betreten. Vor Venedig habe ich jahrelang feige herumgelungert, ehe ich mich hineintraute, mit Prag war's das Gleiche. Nun war also ein schöner frühsommerlicher Tag und endlich Gelegenheit und Mut, das Brentanohaus von innen kennenzulernen, das Xanadu der Rheinromantik, den einzigen Platz, an dem Goethes Atem spürbar und Bettines überkandideltes Geplapper hörbar sein sollte. Am liebsten hätte ich kehrtgemacht.

Das wäre ein großer Fehler gewesen.

Ein Grüppchen Menschen hat sich im Hof des Brentanohauses eingefunden und steht vor einer kleinen, geschlossenen Tür. Die Blicke treffen sich und gehen wieder auseinander, wir gehören nicht dazu, nutzen nur den Termin. Man schaut spazieren und versucht, sich einzugewöhnen und die Ausdehnung dieses einzigartigen Kosmos abzuschätzen. Die Nebengebäude wären eine eigene Reise wert, ich betrachte das Fachwerk und die Architektur: Wie könnte man so etwas renovieren? Während wir auf den Einlass ins Innere warten, denke ich, wie so oft, darüber nach, was Konservieren heißt. Welcher Ist-Zustand soll gezeigt, welche Spuren sollen beseitigt, welche Verletzungen geheilt werden? Es gibt Orte, an denen könnte man zu jedem Augenblick sagen: *Verweile doch, du bist so schön!* Ob er das hier auch gedacht hat, der Autor dieser Zeilen? Oder war er schon zu alt und zu berühmt, um noch enthusiastisch sein zu können?

Ein beherzter Besucher hat die Glocke über der Tür streng ins Auge gefasst, als erwarte er, dass sie von allein zu bimmeln anfange. Dann bimmelt er selber und erschrickt über seinen Mut. Unmittelbar darauf erscheint die derzeitige Baronin Brentano, die Hausherrin, begrüßt uns alle freundlich und bittet uns herein. Nein, es ist nicht gleich da, dieses Gefühl, von der Macht der Gegenstände in eine andere Zeit versetzt zu werden. Die Reise beginnt eher sachte, mit einzelnen eigenen Reminiszenzen, dieser Hausflur, der schöne, geschnitzte, weiß gestrichene Treppenaufgang – Kindheitsbilder. Es gab Schulfreundinnen, bei denen daheim sah es so aus. Oder ähnlich. Auf jeden Fall so, dass man allem, was da steht und hängt, seine eigene Geschichte zutraut. Eine etwa hundegroße Bärenplastik steht auf dem Boden und schaut zur Tür. Der Bär hat eine Verletzung. Man wüsste jetzt gern, wie das gekommen ist. Die Baronin hat ungewöhnlich klare, intensive Augen und erzählt von Bildern und Möbeln, und warum das »Rote Zimmer« im Erdgeschoss so heißt, obwohl es eigentlich eher grün ist. Rot sind Gardinen und Möbelbezüge, die Tapete ist grün, mit goldenen Kränzchen und einem schönen Fries. Von allen Wänden herunter schauen einen Brentanos an, vor allem Franz und Antonie, die der Mainzer Karl Stieler 1808 gemalt hat. Der machte später mit der Schönheitengalerie beim bayrischen König Ludwig I. eine große Karriere. Antonia als Kind mit ihrer Mutter ist auch zu sehen, gemalt von einem gewissen Tischbein! Gläser, Regale, Tisch und Stühle, alles ist von jener Feierlichkeit, an die man sich von längst vergangenen Sonntagnachmittagen bei alten Tanten oder Großeltern erinnert. Es ist dämmrig und still, aber überhaupt nicht museal. Das liegt auch an den Erzählungen der Baronin, die die Fäden zwischen all diesen Gesichtern spinnt und unmerklich das Gefühl entstehen lässt, alle seien gerade erst abgereist. Ein schönes Paar, der südlich-dunkle Franz Brentano und seine beturbante Frau, die ihrerseits aus einem Sammlerhaushalt in Wien kam. Die Magie der Gegenstände: Wer ihr verfallen ist – und das sind mehr, als man im Zeitalter digitaler Verfügbarkeit denken sollte –, wird hier in Winkel den Wunsch haben, sich über Nacht einschließen zu lassen mit dem, was Thomas Mann *die Sächlein* nennt. Schreibsachen, bestickte Kissen, Gläser, Bücher. Sie sind ja nicht ein- oder abgesperrt, nicht museumskonform ausgeleuchtet oder präsentiert, sie sind einfach da und leben. Manches schläft vielleicht, und man könnte sich auch eine meterhohe Dornenhecke um Anwesen und Weingärten vorstellen, damit dieser Glücksfall von Authentizität und Charme erhalten bleibt.

Wir werden die Treppe hinaufgeleitet, als seien wir oben zum Tee verabredet, wir bewundern die ägyptische Sammlung in einem eigens dafür angefertigten ägyptisierenden Schrank, wieder Bilder, viele Bilder. Die Brentanos hatten eine Menge Kinder, viele Freunde, das spürt man bis heute in dem Haus. Der »Saal« im ersten Stock, in den wir jetzt geführt werden, ist ein heller, großer Raum, der nur einem einzigen Zweck zu dienen scheint – der Geselligkeit, und zwar ganz unpatriarchalisch, man könnte fast sagen, demokratisch. Es gibt keine ersichtlichen Ehrenplätze, keine Tafel, die Rangordnungen vorgibt, vor allem keine Repräsentationsmöbel oder -anordnungen. Die Blumen, die da stehen, späte Tulpen, werden, als die jetzt so Berühmten sich vor zweihundert Jahren hier getroffen haben, kaum anders gewesen sein. Nicht arrangiert, sondern einfach: Blumen in einer Vase. Dass die damalige Hausherrin Antonia bei Beethoven Klavierunterricht hatte und der spielbereit am Fenster stehende Flügel ein wenig tiefer als üblich gestimmt sei: Das klingt für mich, die Besucherin, nicht ehrfurchtgebietend, sondern sehnsuchterweckend. Das war Alltag. So konnte Alltag sein. Sich abends was erzählen oder vorlesen oder Karten spielen und Musik machen. Nein, nicht heile Welt, das Leben war nicht einfach, und wenn man sich die Medizingeschichte anschaut, war zum Beispiel das Kinderkriegen keine ungefährliche Angelegenheit.

Es ist nicht höfisch im Brentanohaus, sondern liebenswürdig und so, dass man sich vorstellen könnte, ähnlich zu leben, schließlich sind diese Möbel ja nicht alt von Anbeginn, sondern einfach in die Jahre gekommen und beschützt worden. Man meint, auf den Samtbezügen der Sessel noch die Abdrücke der hochzuverehrenden Kehrseiten zu sehen. Drei kleine Zimmer gehen vom Saal ab, die früher natürlich Türen hatten und jetzt einfach betreten werden dürfen. Das mittlere war Goethes Schlafzimmer. 1814 war er nach einer Kur in Wiesbaden hierhergekommen. Ich stehe in Goethes Schlafzimmer, es ist bescheiden, gar nicht olympierhaft. Der einzige noch unveränderte Aufenthaltsort! Man weiß gar nicht, was man tun soll. Den Boden küssen? Vor dem Bett niederknien? Es ist ein einfaches Biedermeierbett mit geschwungenen Seitenbrettern, die fliederfarbene Bettwäsche ist nicht mehr seine, so weit sind sie wohl nicht gegangen, obwohl er schon sehr berühmt war und sich offenbar entsprechend grässlich benahm. Seine wunderbare Gastgeberin Toni seufzte viele Jahre später über seine Gewohnheit, sich den Teller vollzuladen und dann kaum etwas anzurühren. Auch waren wohl die Gespräche mit ihm keine reine Freude. Aber er arbeitete am *West-Östlichen Divan,* erkundete die Gegend, sammelte heimische Sprüche und fand ausgiebigsten Gefallen am Wein, dem »Eilfer«, also dem 1811er Jahrgang. Links neben dem Schlafgemach ist eine kleine Bibliothek, rechts ein Schreibzimmer. Die drei Kabinette waren durch Tapetentüren verbunden. Die Kommoden – ich bin versucht, heimlich die Schubladen aufzuziehen und hineinzuschnüffeln. Das rotgemusterte weiße Waschgeschirr, Krug, Schüssel, Eimer, ja, natürlich auch der Nachttopf. Die Tapete, frisch blaugrün wie am ersten Tag, ohne verblichene Stellen. Sie trägt eins der damals beliebten Streifen-Blumenmuster und hat es in sich. Das verwendete berühmte Schweinfurter Grün enthielt ein lebensgefährliches Gift, Goethe war offenbar dagegen gefeit, was einen nicht erstaunt. Er hatte die Gewohnheit, sehr früh aufzustehen und im weißen Flanellmorgenrock durch den Weingarten zu wandeln. Angesprochen wollte er nicht werden, um keinen Preis. Ich kann in den Weingarten schauen, während die Baronin voll Zuneigung über Bettine redet, die Vorfahrin, die Goetheanbeterin. Die Baronin Brentano spricht von ihrer Vorfahrin wie von einer etwas verrückten, hochbegabten kleinen Schwester. Die habe »An- und Einfälle« gehabt, sagt sie. Und dass sie natürlich auch ein bisschen anstrengend gewesen sei. Überall im Haus sind Spuren Bettines, vor allem ihre zarten Scherenschnitte fallen auf. Für diese Kunst und für die feinen Stickereien braucht man doch eigentlich Ruhe, denke ich. So eine hibbelige kleine Person wie Bettine kann ich mir bei kontemplativem Damenwerk gar nicht vorstellen. Auch das legendäre Zerwürfnis zwischen Goethe und Bettine erzählt die Hausherrin so, als wäre es nicht tausendmal germanistisch und semantisch um- und umgewendet worden, sondern als sei es gerade bei Freunden passiert.

Erst wollte ich mir meine Illusionen nicht nehmen lassen und das Brentanohaus in Winkel nur von außen ansehen. Jetzt möchte ich am liebsten tagelang drinbleiben. Ich schaue zum Abschied auf die Risse in der Decke des Saals. Man müsste … denke ich. Müsste man? Darf man? Würde das nicht die Geister vertreiben, die es sich in diesen Räumen bequem gemacht haben?

Bei jeder Fahrt zurück nach Hause denke ich, wie schön es ist, dass man ihn nie ganz kennen wird, den Mikrokosmos Rheingau.

An einer Metzgerei steht: *Heute Schlemmerwoche.*

REGISTER

Geschichten für Gourmets und Gourmands

Als Gott die Erde schuf, hat er den Knödel im Sinn gehabt, ist dieser in seiner Rundheit doch der Inbegriff der Perfektion – und um sein Innenleben sind schon wahre Glaubenskriege entstanden …
Unterhaltsame Geschichten rund ums Essen – Eva Demski erzählt von Gourmets und Puristen, von üppigen Festgelagen, heiterem Leichenschmaus und vielem anderen mehr: wie die Wahl des richtigen Weins zur Sinnfrage wird und das Beerensammeln zum Feldzug. Sie berichtet vom unaufhaltsamen Siegeszug der Bratwurst, die selbst ausgewiesene Gourmettempel erobert, und stimmt ein Loblied auf die Suppe an, die Leib und Seele wärmt.

Eva Demski, Rund wie die Erde. Kulinarische Geschichten. insel taschenbuch 4163. 128 Seiten

NF 277/1/8.15

Das neue Katzenbuch von Eva Demski

»In mein Menschenleben passten viele Katzenleben. Manche waren lang, andere endeten viel zu früh, aber alle trugen zu einer Geschichte bei, meiner Geschichte. In ihr findet sich Komisches und Trauriges, gereimt und ungereimt, und immer von neuem der Versuch, dem auf die Schliche zu kommen, was mich lebenslang an der Katzenseite gehalten hat. Ich liebe Hunde, Elefanten, Schmetterlinge, Goldhamster, Rotkehlchen, Häuschenschnecken und noch viele andere Tiere. Darwins ganzer großer Farbkasten ist für mich eine ständige Quelle des Staunens und der Freude. Was kommt bei Katern und Katzen dazu, das mich immer wieder zu ihnen zieht? Oder sie zu mir?
In diesen Geschichten und Gedichten treffen sich viele von ihnen, denn für mich hat die Katze mehr als sieben Leben. Volker Reiche schickt seine Katzen zu meinen, man weiß nie, ob sie schnurren oder fauchen werden.« *Eva Demski*

Eva Demski, Katzentreffen. Illustriert von Volker Reiche. insel taschenbuch 4411. Gebunden. 140 Seiten

NF 280/1/9.15